KB241018

기독교
신비주의의 대상관계 정신분석

· 이용도의 십자가 신비주의 분석 ·

기독교

• 이용도의 십자가 신비주의 분석 •

신비주의의 대상관계 정신분석

박성만 지음

한국학술정보(주)

　청소년기 필자의 실존적인 고뇌는 잘 먹고 살기 위하여 미래를 계획하는 일이 아니었다. '나는 누구이며 무엇인가?'라는 사변적 고민으로 몸부림 치고 있었다. 그러던 중 남들은 저만치 앞서가서 안정된 삶을 꾸려가고 있을 때, 나는 신학이야 말로 자신을, 타인을, 세상과 우주를 잘 이해하는 학문이라는 확신을 가지고 신학도가 되었다. 신학은 참으로 재미있는 학문이었다.

　신학을 하면서 하나님 자체와 사람들이 하나님이라고 하는 것과는 많은 차이가 있다는 나름대로의 진실에 이르게 되었다. 문자와 전통을 넘어서 존재하는 참 삼위일체 하나님을 만나기 위해서 투쟁하듯 눈물의 시간을 보내기도 하였다. 영성을 추구하는 것은 보편적 사랑의 실현이며, 인간성의 진실을 수용하는 일이다. 그러나 이러한 진실들은 목회라는 현실에서 또 한번의 좌절을 경험한다.

　목회는 사람을 만나는 일이다. 사람을 만나면 자신이 쌓아올린 상아탑이 또 한번 무너진다. 그리고 '성공적 목회자'의 변신을 꿈꾸어야 한다. 하지만 필자의 관심은 여전히 사람이었다. 사람을 이해하는 일이었다. 그 것은 곧 하나님을 발견하고 나를 이해하는 일이었기 때문이다. 교인을 상담하고, 그분들이 감추고 싶은 내면의 울타리에 가장 가까이 설 수 있는 특권과 함께 기도의 책임을 부여받으며, 신학은 사람을 이해하고 돌보는 하나의 학문일 뿐이라는 겸손을 가지게 되었다. 피조물인 인간에게 좀 더 가까이 가기 위해서 신학과 상호 대화할 수 있는 심층심리학의 필요성을 절감하게 되었다.

후로 정신분석, 분석심리학, 대상관계이론에 깊이 매료되었다. 신학적 미해결의 과제들이 술술 풀려가는 학문적 흥분을 경험하였다. 양자는 전혀 다른 언어와 학문적인 전제를 가지고 있으나, 인간에 대한 깊은 사랑과 관심으로 출발한 학문이었다. 필자는 상담실에서 심리치료사로서의 역할을 수행하면서, 이전에 보지 못했던 무의식의 심층을 발견하게 되었고, 그러면 그럴수록 인간에 대한 더 깊은 애정을 가지게 되었다. 때로는 온 국민의 비난을 일시에 받는 파렴치한 범법자에게도 도덕적 기준보다는 심리학적 기준을 적용하여 그 또한 피해자라는 동정의 속내를 감추지 못하기도 하였다.

아직도 일부 신학에서는 정신분석을 경계하는 눈치가 있다. 정신분석은 이전에 신학의 영역으로 여겼던 부분을 심리학적으로 침투해 들어오기 때문이다. 일부 신학에서는 그것이 타당성이 있건 없건 자기 방어의 본능으로 경계선을 설정하는 것이다. 그러나 관점을 조금 달리하면 양자의 상호 침투는 양자 간의 의미 있는 관계를 형성하고, 통합을 이루는 것임을 알 수 있다. 신학과 정신분석의 상호 침투는 침범이 아니다. 학문적이고 임상적인 대화이다. 서로 경계하면 서로 적이 될 수밖에 없다. 방어 본능을 해제하면, 둘은 상호 고유한 영역이 있으면서도 별개가 아님을 발견할 수 있다. 심리치료 임상에서 둘은 둘도 없는 벗이다.

필자는 기독교인들의 영혼에서 심리적 고뇌를 보았고, 비기독교인들의 영혼에서 영적인 고뇌를 보았다. 사람들은 그가 어떤 언어를 사용하느냐에 따라서 그의 정체성을 규정하지만, 그러한 구분은 또 다른 도그마를 만드는 것으로 상호 진실한 만남에 장애물이 된다. 너의 진실과 나의 진실이 만나면 아름다운 꽃이 핀다. 세상의 향기가 달라진다. 인접학문 간의 진실한 대화도 이와 다를 바 없다고 믿는다.

본 저작물은 영성과 정신분석의 만남을 위한 필자의 박사학위 논문이다. 이용도 목사는 한 때 필자의 이상화 대상이었다. 그 이유는,

그분의 영성은 필자의 정신세계에서 중요한 일부를 대변하고 있었기 때문이다. 이런 분에게 심리학적 기준을 채택하는 것이 다소 불경스럽게 보일 수 있으나, 동일시를 극복하고 참된 자기로서의 삶을 구현하기 위해서는 꼭 필요한 작업이라고 믿었기에 연구를 시작하였다.

한편 이러한 연구야말로 인간의 영혼을 심사숙고 탐구하려는 학도들에게는 중요한 학문적 통찰을, 인간의 영혼을 치료하는 심리치료사들에게 임상적인 통찰을 제공할 수 있다고 믿는다. 아쉬움은 평이한 언어와 표현으로 재작성하여 누구나 쉽게 이해할 수 있는 책자로 내놓지 못한 점이다. 이 부분은 필자의 향후 과제로 남긴다. 비록 부족한 면이 많이 있지만, 필자의 학문적이고 임상적인 연구와 경험이 담긴 논문이 단행본의 형태로 출간됨을 사랑하는 주님께 감사드린다. 또한 출판을 맡아주신 한국학술정보 모든 분들께 깊은 감사를 드린다.

2009년 2월 25일

가나심리치료연구소(www.gana6.com)

박 성 만

|목 차|

Ⅶ 십자가 신비주의에서 사랑의 신비주의로 전환 / 189

Ⅷ 결 론 / 207

참고문헌 / 215

I. 서 론

서 론

1. 연구 필요성

　기독교 심리치료의 전문적 영역에서 종사하는 사람들에게 난제가 있다. 그것은 영적인 것과 심리학적인 것을 구분하는 방법상의 문제이다. 일반적으로 한국교회에서는 양자를 이해하는 두 종류의 흐름이 있어 왔다. 첫째는 심리학 무용론을 주장하며 영적인 치료만 인정하는 집단이다. 둘째는 영적인 것과 심리적인 것은 구별이 가능하니 영적인 것은 영성 치료자에게 심리적인 것은 심리치료사에게 보내야 한다는 집단이다. 하지만 인간은 영적으로만 볼 수 있는 단일구조를 가진 존재가 아니다. 또한 영적인 것과 심리적인 것을 구분한다는 것은 하나의 이론적 정의이기는 하지만, 기독교 심리치료사에게 양자는 서로 얽혀 있어 구분하기 애매한 것임을 쉽게 발견할 수 있다. 신학적 언어와 견줄 만하고, 신학적 치료를 보완할 만한 새로운 심리학의 필요성이 제기되었다.

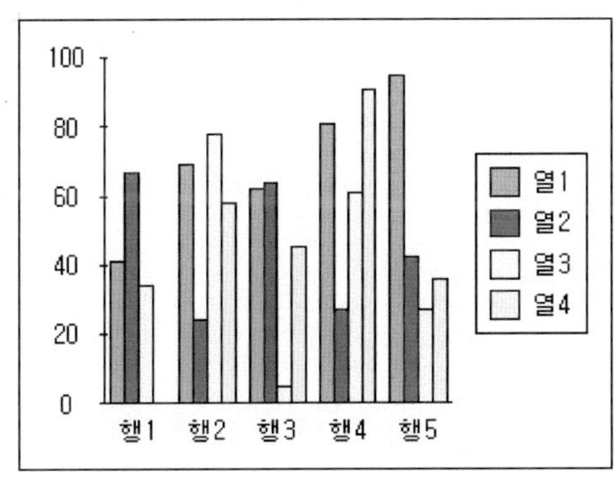

이에 대한 새로운 대안으로 심층심리학이 한국 기독교 상담 관련 학계에 소개되고 있다. 심층심리학이란 프로이트의 정신분석학과 프로이트 이후 발전한 현대 정신분석학, 그리고 융의 분석심리학을 말한다. 심층심리학적인 이론을 사용하여 그동안 영적인 금기의 영역으로 인정되었던 부분들이 심리학적으로 규명 가능한 것으로 해석되기도 한다. 이것은 인간을 이해하는 방법이 심화되고 확장된 것을 의미한다. 그동안 한국교회는 기독교 신학과 친숙한 융의 분석심리학에 대해서는 개방적이라 하더라도, 기독교에 대해서 부정적이라고 소개된 정신분석에 대해서는 배타적이었다. 최근에야 대상관계 이론이 소개됨으로써 정신분석 이론에 대한 관심이 증대되고 있다.

대상관계 정신분석 이론은 기독교 상담 및 심리치료에 새로운 대안으로 주목을 받고 있다. 하지만 그 이론이 임상에 적용되기 위해서는 분석적 기술을 익혀야 되는데, 그 훈련 과정이 오랜 시간을 요하기에 임상 적용에 있어서는 아직도 초보적인 수준에 머무르고 있다. 따라서 연구자는 1930년대 한국교회 영적 부흥에 기여한 이용도 목사의 십자가 신비주의를 페어베언의 대상관계 이론을 적용하여 정신 분석하고자 한다. 그렇게 함으로써 신학과 정신분석학에 근거한 통전적 심리치료의 기법을 제시할 수 있기 때문이다.

한 개인의 생애에 대한 심리학적 연구를 심리생애사(psychobiography) 연구라고 한다. 이용도의 십자가 신비주의는 그의 유아기, 아동기, 사춘기, 성인기를 거치면서 형성되고 발전된 양식이다, 그런 의미에서 본 연구는 이용도에 대한 심리생애사 연구이다. 이러한 연구는 개인의 무의식을 노출시킴으로써 윤리적 문제를 야기할 수 있음에도 불구하고 서구와 미국에서는 학자들의 관심거리가 되어 왔고, 괄목할 만한 연구 성과도 있다. 심리생애사 연구는 종교인들의 신앙으로도 확대 적용되고 있다.

한국의 상황은 다르다. 심리생애사 연구의 주 도구가 되는 정신분석학이 일반화되지 않은 점, 그리고 종교 지도자를 정신분석으로 보기 위해서는 신학과 정신분석의 두 가지 용어에 익숙해야 하는데 그런 학자의 부재가 가장 큰 원인이었다. 그러나 최근 종교 심리학 분야에서 정신분석학에 대한 관심이 증가하면서, 심리생애사적인 연구의 필요성이 대두되기 시작했다. 이러한 연구를 통해서 그동안 신학적인 연구로서 설명할 수 없는 인간의 내면세계에 대한 심리학적 통찰을 얻을 수 있기 때문이다. 이러한 통찰은 임상으로 이어짐으로 신학과 심리학 간에 의미 있는 의사소통이 가능해진다.

개인 신앙의 회복과 교회의 회복은 이성을 배타시 하지 않는 감성의 회복에 있다. 과거 부흥회식의 신앙이 지나치게 감성에 의존함으로써 양적 부흥에도 불구하고 질적인 면에서 비판받아 왔다면, 교리와 제도에 안착하려는 작금의 교회와 개인은 잃어버린 감성을 회복할 필요가 있다. 이용도의 삶을 대변하는 감성적 십자가 신비주의와 그의 설교에 은혜받은 청중들을 정신분석적으로 탐구함으로써 감성이 신앙에 미치는 영향을 심리학적으로 발견할 수 있다.

그리고 그 감성이 어떤 방식으로 심리 구조 안으로 통합되어야 건강한 신앙 구조를 이룰 수 있는지 단서를 발견할 수 있다.

이용도에 대한 신학적 연구는 이미 많은 성과가 있다. 그것과 더불어 정신분석적 연구야말로 신학과 심리학의 대화, 통전적 기독교 심리치료, 교회의 영적 쇄신에 기여할 수 있다고 본다.

2. 선행연구와 방법론

이용도에 대한 다수의 신학적 연구와 두 편의 심리학적 연구를 개괄하고 그 한계를 지적하겠다. 한계를 지적함에 있어서 신학적 연구는 신학적인 기준을, 심리학적인 연구는 심리학적인 기준을 사용할 것이다. 이는 양자를 혼동시키는 우를 범하지 않기 위해서이다. 다만 신학적 연구의 한계를 심리학적 연구가 보완할 수 있다는 연구자의 입장을 밝힌다.

이용도 연구 1세대 신학자는 민경배, 윤성범, 박봉배, 변선환, 송길섭, 유동식을 들 수 있다.

민경배는 이용도가 고난당하는 그리스도와 융합하고 있다는 점에서 "고난 받으시는 예수 – 신비주의"라고 정의한다.[1] 이 원리에 따라서 이용도는 예수를 희랍적 사유의 존재론적 원리에 따라 신

---

1) 민경배, 「이용도의 신비주의에 대한 형태론적 연구」: 「이용도의 신비주의 연구: 한 교회사적 고찰」: 「한국교회의 신비주의: 1945년까지」: 「이용도와 최태용」, 변종호 편, 『이용도 목사 관계 문헌집』(서울: 장안문화사, 1993), pp.11 – 118 참조.

성과 인성의 문제로 보는 것이 아니라 아픔과 고난으로 보고, 여기에 자신을 투신하는 것이 모든 문제의 해결이 있는 것처럼 본다고한다. 필연적으로 이용도는 그리스도의 사역 중 고난 자체에 과도한 의미를 부여하게 된다. 반면 구속론, 은총론, 영생 등에는 냉소를 보내는 것으로 본다. 민경배는 이러한 배경은 당시 조선교회가선교사 의존에서 일제탄압을 거치면서 그들의 역할이 축소되고, 독립으로 가는 과정에서 신학부재와 당시의 암울한 시대상을 반영하고 있다고 한다. 그는 이용도를 한국 최초의 신앙실험자로 보는데,이것은 이용도 신비주의의 원인을 당시 신학적 사회적 상황과 연관해서 이해하는 교회사가로서의 적절한 통찰이라고 할 수 있다.하지만 신비주의는 원시적 카리스마로의 회귀를 지향하는 자체의고유한 특성이 있는데, 이러한 관점을 간과하고 구속론이나 교회론에 근거해서 해석하는 경향을 가짐으로써 신비주의 자체의 특성을무시하고 있다.

유동식은 이용도를 열광주의로 규정한다.[2] 이용도의 열광주의는한국 불교와 유교의 메마름에 대한 반작용으로 태동한 선교사의열정적 부흥회와 맥을 같이한다. 열광주의가 태동한 직접적인 이유는 이용도 개인 성격과 직접적인 관계가 있다고 한다. 이른바 타고난 정열적인 성격, 폐병 3기라는 질병으로 인한 종말론적인 인식,신앙체험, 기도를 통한 승마체험 등이 그것이다. 그의 부흥회는 이러한 개인적인 특성이 반영될 수밖에 없는데, 그 자체로는 교회를부흥시끼고 생기를 부여하므로 어떤 이단성을 찾아볼 수 없었다고

---

2) 유동식, 「이용도 목사와 그 주변」, 『이용도 목사 관계 문헌집』(서울: 장안문화사, 1993), pp.229 - 238.

한다. 유동식은 그 열광주의를 뒷받침해 줄 신학적인 체계가 없었고, 감성이 주를 이루는 은혜의 도가니에 빠져든 회중들을 지속적으로 양육시킬 교육의 부재로 혼란과 무질서를 가져왔다는 지적을 한다. 유동식의 연구는 당시의 시대상과 이용도 개인의 성격을 상호 연결시킴으로써 연구의 방법을 보다 객관적으로, 근접적으로 다가섰다. 그러나 그 열광주의가 이용도 개인에게 문제가 없었다면 왜 어떤 청중들에게는 신앙의 생기를 제공하는데, 왜 어떤 청중들에게는 혼란을 유발했는가? 그리고 이용도는 왜 이단성 문제가 있는 집단의 신앙에 동의하지 않았으면서 마치 그들을 옹호하는 것처럼 처신을 했는가? 당시 정규 신학 교육을 받았고, 기독교 교육과 독서에 전념했던 이용도의 지적 수준으로 보아 설명이 안 되는 부분이다.

이어 1978년 감리교신학대학교 학술지인 『신학과 세계』에 윤성범, 박봉배, 변선환, 송길섭의 세 편의 이용도 연구 논문이 실리게 되는데 앞의 세 편은 이용도를 신비주의자로, 한 편은 개혁자의 맥락 안에서 이해하고 있다.

윤성범은 이용도를 바울, 어거스틴, 루터로 이어지는 십자가 신비주의로 본다. 그는 이러한 신비주의 형성의 배경을 폐병으로 고생하는 이용도 자신의 주관적 상황과, 일제의 잔혹한 치하에서 민중 사이에 형성된 비관적이고 객관적인 상황이 고난당하고 무력하게 약자처럼 보이는 예수에게 감정이입된 것이라고 한다.[3] 윤성범은 신비주의를 "의식의 새로운 단계에서, 이러한 심연을 극복하고

---

3) 윤성범, 「이용도와 십자가 신비주의」, 『이용도 목사 관계 문헌집』(서울: 장안문화사, 1993), pp.239 - 267.

그리고 주관과 객관의 원 통일을 영혼의 중심에서, 아니 영혼의 불빛에서 재현하려고 노력한 것"[4]으로 본다. 이러한 논점에서 보면 이용도가 그리스도의 영광이 아니라 예수의 고난을 통해서 신비주의를 형성하게 된 것은 당시 상황을 미루어 보아 너무나 자명한 사실이다. 윤성범은 이용도의 예수 십자가 신비주의의 방법론을 서구의 명상적이고 금욕적이 아닌, 예수의 겸비, 순종, 사랑의 실천과 생활로 봄으로써 신비주의의 한 토착화 모델로 본다. 하지만 이용도는 영과 육, 신앙과 직업, 이생과 저생, 권세자와 소외된 자 등을 극단적으로 분리하는 이원론자라는 비판을 피하기 어려운데, 이러한 양극단이 이용도의 신비주의 안에서 어떻게 혹은 왜 합쳐지지 않고 있는지 다루지 않고 있다.

박봉배는 신비주의를 기독교 신비주의와 비기독교 신비주의로 나눈다.[5] 전자는 이웃과의 윤리적 관계를 중요시하는 반면 후자는 무와 공의 경지를 지향함으로써 윤리의식을 넘어 무관심과 초연의 무윤리성으로 가기 쉽다고 한다. 그는 이용도의 신비주의를 윤리적 관계 안에서 이해하고, 그의 경험으로 규정할 수 있기에 십자가 신비주의로 정의할 수 있다고 한다. 신비주의는 탈교권적이기에 개혁적 요소가 있게 마련인데, 이용도의 정의감과 심판의 개념, 부패한 교권에 대한 날카로운 비판, 그의 삶의 흔적들로 보아 신비적 윤리의 한계 위에 있다고 본다. 한편 이용도가 이단자도 포용하는 사랑 지상주의의 초윤리성을 가지고 있기에 사랑의 신비주의로까지 승

---

4) Ibid., pp.246 - 247.

5) 박봉배, 「이용도의 사랑의 신비주의와 그 윤리성」, 변종호 편, 『이용도 목사 관계 문헌집』(서울: 장안문화사, 1993), pp.119 - 140.

화된 차원에서 본다. 박봉배는 신비주의의 일반적인 흐름에 따라 이용도의 신비주의를 고난에서 사랑으로의 상승으로 봄으로써 신비주의 입장에서 신비주의를 보려는 관점을 가진다. 하지만 이용도의 무차별 사랑이 대상에 따라 무차별 비난으로 바뀌고, 사랑의 신비주의자가 가지는 육과 물질세계를 포함하는 하나님의 피조세계에 대한 사랑과 찬미가 이용도에게는 왜 결여되었는지 간과하고 있다.

변선환은 이용도의 종교적인 심성을 토착화에서 찾는다.[6] 그의 "고난받는 그리스도 신비주의" 특징은 아가적이고 요한적이고 감성적이며 감정적이다. 그가 수용하는 종교는 제도적 종교가 아니라 인격적 종교이고 그리스도 고난의 합일에서 기독교의 본질을 본다.[7] 이용도의 십자가에로의 합일은 한국인의 종교적 심성인 원시성과 여성성 그리고 열광성으로 대변된다고 한다. 변선환의 글 서론에서 이용도를 "한국적 이상", "그에 있어서 기독교와 한국적 영성은 하나가 되어", "그리스도는 한국인의 신비적인 종교적 심성과 만난 것이다.", "이용도는~그리스도를 아세아로~한국에로 초청하였다."[8]라고 함으로써 동양적 영성과 맥을 같이하는 독일의 신비주의자 마이스터 에크하르트와 비교하면서 이용도를 토착화의 심성에서 이해하려는 해박한 학문적 시도가 돋보인다. 하지만 한국인의 고유한 종교적인 심성에서 이용도의 십자가 신비주의가 어떻게 고유한 특성을 형성하는지 논점이 흐려지는 경향이 있다. 아가적, 요한적, 부정의 길(능동성과 수동성), 신의 인간화(Vermenschen des Gottes),

---

6) 변선환, 「이용도와 마이스터 에크하르트」, 변종호 편, 『이용도 목사 관계 문헌집』 (서울: 장안문화사, 1993), pp.141－154.

7) Ibid., pp.154－169.

8) Ibid., pp.142－143.

신적 합일(Unio mystica) 등 서구 신비주의의의 용어들을 이용도에게 포함시킴으로써 한국적 심성의 특성을 애매하게 하고 있다. 이용도를 동서양을 아우르는 한국교회사의 이상적인 인물로 자리매김하려는 시도로 보이나, 연구자는 이용도를 미완의 신비가[9]로 보아야 함이 옳다고 본다.

앞의 세 신학자와는 달리 송길섭은 이용도를 한국교회의 개혁자로 본다.[10] 신비주의의 색채를 띤 이용도의 종말론적인 긴박성은 폐병 말기로 고통받는 자신의 처지와 부패한 교회상을 반영하고 있는 것으로 본다. 송길섭의 이용도 연구에서 신학적이고 신비적인 탐구는 의미가 없고, 예수 정신을 구현하는 실천적 경건만이 의미가 있다. 송길섭은 이용도의 통천과 양양 승마체험을 요한 웨슬리의 Aldersgate 회심에 견줄 만한 것으로 보고, 그 원동력으로 예언자적 개혁의 목소리를 낼 수 있었다고 본다. 이용도에게 신비주의적인 요소가 있다 하더라도 진면목을 개혁자의 모습에서 찾아야 한다는 것이다. 한편 송길섭은 이용도의 영육 이원론, 신학적 훈련의 부족성을 지적한다. 만일 그가 좀 더 오래 살았더라면 생애와 사상에 변화가 있었을 것이라며 일종의 미완의 개혁자임을 시사하고 있다. 송길섭은 이용도가 일제에 대한 분노에서, 교회를 포함한 세상 권세자들에 대한 분노, 개혁 프로그램의 부재, 그리고 마침내

---

9) 연구자가 이용도를 미완의 신비가로 보는 것은 완성된 신비가가 존재한다는 것을 의미하지는 않는다. 인류역사상 완성된 신비가는 없었을 것이다. 다만 페어베언의 정신분석에서 말하는 중심 자아의 확립, 혹은 융의 분석심리학에서 말하는 대극의 통합을 이루어서 자신 안에서, 그리고 관계 안에서 요한 웨슬레의 사랑으로 기독자의 완전의 길로 들어선 사람을 뜻한다. 이용도의 미해결 과제는 신학적으로는 극단적인 이원론이고 심리학적으로는 분열된 자아/대상의 미통합이다. 다만 생애 말기에 가서 미해결 과제를 극복해 내는 단서가 포착된다.

10) 송길섭, 「한국교회의 개혁자 이용도」, 변종호 편, 『이용도 목사 관계 문헌집』(서울: 장안문화사, 1993), pp.193 – 228.

자신을 예수의 고난에 동일시하고 생애 말기에는 무차별 사랑을 선언하는 과정에서 드러난 미완의 면모를 그의 짧은 생애로 돌리는 점이 돋보인다. 하지만 이용도에게 있어서 내면적 경건과 실천적 경건을 분리시키는 것은 다소 무리가 있어 보인다.

이후 1990년대에 들어서면서 이용도 신앙과 사상 연구회에서 5편의 연구 논문과 논찬, 이용도 목사 탄신 100주년 기념 논문집에 12편의 연구 논문, 한국문화신학회에서 4편의 연구 논문이 나옴으로써 이용도 연구에 다양성과 창조성의 새로운 지평이 열린다.

정지련은 이용도를 성령론적 관점에서 이해한다.[11] 서방교회의 필리오께(Filioque) 전통에 있는 개신교는 성령의 현존을 말씀 선포와 성례전으로 제한시킨다. 그러나 교회가 경직화, 세속화됨으로써 이에 대한 반작용으로 열광적 성령운동이 일어난다고 본다. "성령으로 거듭나 예수 그리스도를 따라 가자."라는 이용도의 신앙운동 자체를 문제가 없는 성서적 성령 운동의 일환으로 본다. 한편 이러한 운동은 상대세계와 관계를 맺음으로써 더욱 열매를 맺게 되는데, 이용도의 문제는 현실의 교회 질서에 적응하지 못했기 때문임을 지적한다. 정지련의 연구는 이용도를 신비주의 범주에서 벗어나게 하여 서방교회의 성령론에서 이해하기 위한 시도로 보인다. 그러나 이러한 전거로서 인용한 이용도의 어록 몇 구절이 너무 빈약하다. 또한 건전한 성령 이해를 가지고 있었다면, 왜 현실의 교회에 적응하지 못했을까? 이용도 어록과 부흥회 전반을 살펴보면 이용도의 극단성이 현실의 교회에 적응하지 못한 주요인이었음이 너

---

11) 정지련, 「성령론적 관점에서 본 이용도의 신앙운동」, 이용도 신앙과 사상 연구회 편, 『이용도 목사의 영성과 예수 운동』(서울: 성서연구사, 1998), pp.117-132.

무나 자명하게 드러나는바, 이는 신비주의 형성 과정을 배제한 이 해로 볼 수 있다.

이정배는 기존의 연구와는 관점을 달리하는 묵시문학적 의식으로 이용도를 본다. 묵시문학은 기독교의 모체가 되는 것으로 현실을 인간적 방편으로 개혁 불가능한 세계로 보고 종말론적인 역사 의식을 가진다. 묵시문학의 이원론은 이곳과 저곳, 이것과 저것을 둘로 분리하는 이원주의라기보다는 그 시대의 좌절 경험에서 나온 영적 양극성으로 보아야 한다는 지적이다.[12] 묵시문학가는 영적 양극성은 시대의 변환을 향한 소망을 가지는데 이용도과 관련해서 이정배의 이해는 다음과 같다.

> 묵시문학적 의식은 허무주의적 방식으로 현 역사를 철처하게 부정하지만 이는 역사의 전환점을 가져오기 위해 불가피한 것이다. 어느 시대를 막론하고 현재에서 미래로의 전환기는 변증법적 운동이 요청되는바 이것은 영적 양극성을 지닌 묵시문학적인 자의식인 것 이용도가 말하고 있는 생명의 역환이란 것도 영적 양극성의 측면에서 이해될 수 있는 부분임에 틀림없다.[13]

이러한 토대 위에서 이용도의 의식과 실천은 변증법적으로 작용함으로써 역사의 변혁을 갈망하는 묵시문학적 의식과 같은 맥락이라는 것이다. 이용도에게 역사의식을 부여함으로 그를 초월과 현실을 아우르면서 민족의 회복을 위한 열정을 가지고 있다고 평가함으로써 신비주의적 색채를 제거하려 한다. 이것은 기존 신학적 연

---

12) 이정배, 「이용도 연구사에 대한 개관과 비판적 분석」, 이용도 목사 탄신 백 주년 기념 편집 위원회 편, 『이용도의 생애·신학·영성』(서울: 한들출판사, 2001), p.115.
13) Ibid., pp.116-117.

구에서 해결되지 않은 극단적인 이용도의 이원론을 이론적으로는 극복해 내고 있는 탐구로 보인다. 이용도를 역사 변혁을 위한 고상하고 이상화된 묵시문학적 의식의 범주 안으로 자리매김했을 때, 해석의 지평을 넓혀 주기는 하지만 그것이 한 인간에 대한 실존적이고도 사실적인 이해의 지평을 위한 것인지 자문해 보아야 한다. 한 인물의 종교적인 천재성을 극찬할 때, 자칫 그가 씨름한 내면적인 고뇌를 평가 절하할 수 있는 위험에 빠질 수 있다. 또한 이용도의 환상체험에서 자주 나타나는 심상들은 개인적이고 직접적인 종교체험으로서 신비주의의 범주 안에서 이해해야 옳을 것이다.

이상과 같은 신학적인 연구들의 면면을 관찰할 때, 심리학적 연구로 보완할 수 있는 한계의 개략은 다음과 같다.

첫째, 이용도가 그리스도의 고난에 융합이나 합일을 시도하는데, 그것이 신비주의 입장에서 적합하건, 구속론의 입장에서는 부적합하건, 왜 그리스도의 많은 사역 중 유독 고난에만 집중되고 있는지 미해결의 과제로 남는다.

둘째, 이용도를 고난의 신비주의나 사랑의 신비주의로 보는바, 건전한 기독교 신비주의는 어느 한쪽을 이상화하거나 어느 한쪽을 격하하는 수준을 넘어서 양자를 통합하려는 지향을 가진다. 그런데 이용도는 권력의 상징인 일제, 세상 권력자, 교권자, 교회의 기득권자 등에는 가차 없는 비난을 가한다. 그리고 가난하고 소외된 집단에 대해서는 무차별 사랑을 선언한다. 열광적 신비주의적 요소의 이면에 존재하는 심리적 불안감의 투사는 신학적 연구 범위 밖에 있다.

셋째, 위의 둘째 한계와 관련해서, 일부 신학자는 이용도의 열광주의나 신비주의 혹은 성령 운동이 개인적으로는 이상이 없는 것으로 보는데 결과는 무질서를 초래했다는 점에서 동의한다. 왜 신학적으로 타당한 신비주의가 상황의 왜곡을 초래했는가? 이 점에 대하여 일부 신학자들은 당시 암울한 시대상과 신학부재 등 외면적인 이유에 대한 언급은 하지만, 보다 강력한 역동을 가진 내면적 이유는 심리학의 몫이다.

넷째, 이용도의 십자가 신비주의의 특징은 하나님과 세상을, 영과 육을, 신앙과 세속의 직업을, 가진 자와 가지지 못한 자를, 권세자와 소외된 자를 극단적으로 분리하는 이원론이다. 비록 이 논점에 대하여 신학적으로 승화된 주장을 피력한다 하더라도, 이것은 한 개인의 심리 내적 에너지가 극단으로 양분되는 것으로 신학적으로는 이원론적 입장을 취할 수밖에 없다. 당시로서는 최고의 신학적 훈련을 받은 이가 이원론의 양극을 추구한 것은 내면적 역동의 문제로 심리학적 연구 대상이다.

심리학적 선행 연구자는 오규훈과 장덕환이다. 전자는 심리학적 연구의 가능성을 시사하는 정도이고, 후자는 융의 분석심리학을 도구로 이용도의 꿈과 환상을 분석했다.

오규훈은 이용도의 신비주의를 연구하면서 "지금부터 이야기하는 이용도 목사의 어린 시절에 대한 관찰 내용은 엄밀하게 말해 분석(Analysis)이라기보다는 해석(Interpretation)"14)이라고 함으로써 연구의 범위를 제한하고 있다. 특정이론을 도구로 심층적으로 분석하는 것이라기보다는 심리학적 분석의 가능성을 열어 놓는 정도이다. 그는 정신분석의 시각에 따라 이용도의 신비주의를 삼각관계의 파

---

14) 오규훈, 「이용도 목사의 신비주의: 그의 성장 배경을 중심으로 한 심리학적 분석」, 이용도 목사 탄신 백 주년 기념 편집위원회 편, 『이용도의 생애·신학·영성』(서울: 한들출판사, 2001), p.218.

24

생물로 본다. 즉 두려운 아버지를 피하고 어머니와의 긴밀한 관계성이 결국 예수와 합일을 시도하는 영성이 되었다는 것이다.[15] 아버지와 동일시하지 못하는 퇴행의 관점에서 이해한 것이다. 한편 존 보올비의 애착이론도 적용하려 한다. 애착이론의 연구 결과에 의하면 아이와 엄마의 관계는 안정형(Secure), 불안정형(Insecure − avoidant), 불확실형(Insecure − ambivalent)으로 나눈다. 이 세 가지 형태 중 이용도는 불안정, 불확실성에 가깝다고 해석한다. 그 이유로 그가 성인이 된 이후에도 타인과 관계성이 원활하지 못하고, 타인과의 관계를 회피하고 신앙의 대상으로 몰입하며, 현실에서 이해하고 받아들여지기 어려운 극단적인 자기주장 등을 든다.[16] 정신분석 이론에서는 성인기의 성격적인 특성은 유년기 경험의 전이와 반복이다. 신앙인이 신앙의 대상에 자신의 리비도를 투여할 때, 거기에는 반드시 초기 경험의 산물들이 드러나게 마련이다. 따라서 이용도의 신비주의를 그의 초기 관계와 연결 짓는 시도는 정신분석적 연구에서 너무나 당연한 과정이다. 오규훈은 이용도의 심리학적 연구 가능성을 열어 놓았지만, 정신분석의 일반적인 설명에 머무르고 있다.

장덕환은 그의 박사 학위 논문 「이용도의 꿈과 환상에 대한 융 심리학적 분석」에서 이용도 꿈의 변화 과정을 융의 개성화 과정으로 이해한다.[17] 꿈과 환상을 집단 무의식이 의식으로 분화되는 과정으로, 자아가 자기를 만나는 여정으로 본다. 이러한 분석에 따르

---

15) Ibid., pp.228 − 229.

16) Ibid., pp.231 − 232.

17) 장덕환, 「이용도의 꿈과 환상 체험에 대한 융 심리학적 분석」, 강남대학교 대학원 박사학위 논문, 2006.

면 이용도의 꿈과 환상에 자주 언급되는 마귀는 물리쳐야 할 대상
이 아니라 사위일체의 한 위로서 인격의 한 요소로 통합되어야 할
요소이다. 그리고 십자가를 지고 가는 예수는 자기 원형으로 정의
할 수 있다는 것이다. 장덕환은 융의 분석심리학에 따라 이용도의
타고난 기질뿐만 아니라 성장배경의 환경적 요인을, 한편 당시 사
회 종교적인 현상도 분석하며 자유연상이 불가한 약점을 극복해
내고 있다. 기존의 신학적 연구의 한계에 대한 심리학적 통찰을 제
시하고 있다.

하지만 강동체험을 포함한 7개의 꿈과 환상의 분석을 개성화 과
정으로, 개성화의 완성[18]으로 볼 때 논리적인 취약점이 드러나게
마련이다. 개성화 과정의 시작인 개인적 무의식에서 그림자의 통
합, 집단 무의식에서 아니마의 분화 과정을 몇 편의 꿈 분석으로
성취된 것으로 보는 것은 너무 빈약하다. 한편 융에 의하면 개성화
의 마지막 단계는 자아가 자기를 만남으로써 자기실현을 이루고,
상호 긴장하고 갈등하던 대극이 의미 있는 의사소통을 한다. 장덕
환은 사천 집회의 꿈을 분석하면서 '십자가를 지고 가는 예수'를
자기 원형으로 보고, 산에 오름을 개성화의 완성으로 해석한다.[19]
이것은 하나의 꿈을 분석함으로 개성화의 완성을 단정 짓는 논리
의 비약이다. 혹 그렇게 볼 수 있다면 그 이후 이용도에게서 신학
에서는 이원론으로 분류되지만 융 심리학에서는 대극으로 분류되
는 심리적 요소들이 통합을 이루어야 하고, 그 결과가 개인적이고

---

18) 여기서의 완성을 더 이상 상승할 필요가 없는 절대적인 완성을 의미하지 않는다. 융에 의하
면 이 단계에서 의식과 무의식이 완전히 통합되어 조화로운 전체를 형성하지만 여전히 성
장과 발달의 과제를 가진다고 한다.

19) Ibid., pp.119 - 124.

목회적인 영역에서 표출되어야 한다. 그러나 전술한 신학적 연구에
서 그의 이원론은 논쟁의 과제로 항상 남아 있음을 보아 왔다. 이
용도도 사천 집회의 꿈을 꾸고 나서 "'오 주여, 나에게 십자가를
지워 주시겠나이까. 그러나 나는 그처럼 도망가려는 자식이로소이
다.' 하고 탄식하다."[20]라고 한 것으로 보아 '십자가를 지고 가는
예수'는 자기 원형이라기보다는 십자가 저편의 영광을 구하고 싶어
하는 또 다른 자기와 짝을 이루는 대극으로 보아야 함이 옳을 것이
다. 이러한 근거에 의하여 이용도의 꿈과 환상의 변화 추이를 개성
화 과정의 완성으로 보기에는 무리가 있다.

3. 연구 방법

　융의 연구 방법은 개성화라는 망원 렌즈를 통해서 심리적 구성물
을 관찰하는 방식을 택한다. 이용도를 개성화의 틀로서 재구성하려
는 장덕환의 연구는 그림자, 페르조나, 아니마를 조급하게 이론적으
로 통합하려 함으로써 상징의 해석을 비약하는 경향을 가진다. 억압
의 구조 안에서 폐병 말기라는 중병을 가진 30대 초반의 감성적 부
흥 목사를 개성화의 틀에서 맞추려는 시도는, 이용도의 실존적인 고
통을 쉽게 간과하고 이상화로 건너뛰려는 모순을 가질 수밖에 없다.

---

20) 변종호 편, 『이용도 목사 일기』(서울: 장안문화사, 1993). pp.152-153. 이하 『일기』로
　　표기함.

좀 더 근거리에서 심리적 구성물을 살펴볼 때, 성장환경에서 형성된 심리적 구조와 그것이 전이를 통해서 어떤 방식으로 신앙의 대상에게 투사되는지를 탐구할 수 있다. 따라서 중년기 이전의 이용도에게는 현미경 렌즈로 심리적 구성물을 탐색하는 정신분석 연구가 보다 적합하다고 본다. 정신분석이야말로 이용도의 이원론, 극단성, 역사적 예수와 자신을 동일시하는 일방적 십자가 신비주의를 심리적으로 탐색할 수 있는 가장 유용한 도구라고 판단한다.

신학적 연구 인물을 정신분석으로 분석할 때 먼저 신학과 정신분석과의 관계를 설정하고 연구자의 위치를 밝혀야 한다. 이렇게 함으로써 심리학을 신학화하는 신학 우월주의의 유혹을 경계할 수 있고, 신학적 주제들을 심리학으로 환원시키는 환원론의 오류에 빠지지 않을 수 있기 때문이다.

헌신거(Deborah van Deusen Hunsinger)는 일반 상담이론과 구별된 심층심리학과 신학의 관계를 A.D.451년 칼케톤 공의회에서 기독론의 문제를 "분리되거나 구별됨 없이, 혼동되거나 뒤바뀜 없이"라고 선언한 칼케톤 기독론 모형에서 찾는다.[21] 이 모형에 따르면 신학은 구원을 위한 담화이고 심층심리학은 치료를 위한 담화이다. 양자는 자유롭게 오가면서도 신학이 심리학으로, 심리학이 신학으로 전환해서는 안 된다. 구원은 신적인 권위에 속한 것이지만 반드시 치유를 증거 하는 것은 아니고, 한편 치유는 구원을 증가시킨다. 구원은 영원하나 치유는 현세적이다. 구원은 궁극적이고 치유는 비궁극적이다. 치유받지 못해도 용서받을 수 있고, 용서 없는 치유도

---

21) Deborah van Deusen Hunsinger, *Theology and pastoral counseling: A new interdisciplinary approach*, 이재훈 신현복 역, 『신학과 목회상담』(서울: 한국심리치료연구소, 2000), PP.113-118.

가능하다. 헌신거는 이러한 관계양식을 세 가지로 정의한다. ①일치성: 용서와 치유는 동시에 일어난다. ②차별화: 각각 독특성을 유지한다. ③비대칭성: 죄를 용서하시는 신적인 능력은 개념적으로 치유행위에 우선하나 치유행위와 무관하다.[22]

이러한 논점에 따라 헌신거는 심리치료와 목회적 돌봄을 분리시키고 구별한 투르나이젠의 수직적 목회신학을 비판한다. 융 심리학으로 신학의 언어를 심리학의 언어로 대치함으로써 혼동시키고 뒤바꾼 에딘저를 비판한다. 틸리히는 구원을 우주적 치유행위와 동일시했는데, 이는 비대칭성을 무시한 것이라며 비판한다.[23]

칼케톤 모형에 따르면 한 인간을 통합적으로 이해하기 위해서는 신학과 심층심리학의 학문적 연구가 병행되어야 한다. 그런 의미에서 기존의 이용도에 대한 신학적 연구들은 이용도를 이해하는 데 매우 중요한 한 축을 형성한다. 하지만 그것만으로는 그리스도를 신성으로만 이해하려는 편향된 시각과 다를 바 없다. 그동안 이용도에 대하여 교파를 초월하여 신학적 연구가 이루어진 것은 나름대로의 성과였지만 그것은 이용도 이해에 있어서 한 부분이다. 전술한 신학적 연구의 한계에서 부족한 부분들이 드러난다. 영적인 영역과 구분되면서도 상호 교류가 일어나는 심층심리학적인 연구가 병행되어야 한다.

연구자가 이용도를 심리학적으로 연구하는 방법론은 칼케톤 양식의 원리에 따른다. ①일치성: 이용도의 신학적 십자가 신비주의와 심층심리학적 분석을 분리시키지 않는다. 양자는 상호 교류할

---

22) Ibid., pp.119 - 120.
23) Ibid., pp.134 - 162.

수 있다. ②차별화: 십자가 신비주의의 특징과 심층심리학적 분석의 특징을 그대로 유지한다. 하나는 다른 하나를 자신의 언어로 귀속시키지 않고 서로 다른 두 개의 전통을 그대로 유지한다. ③비대칭성: 십자가 신비주의가 구원을 위하여 개념적으로 우세하지만, 치유와는 무관하다. 즉 만일 이용도가 심리적 치유를 받았다고 하여 십자가 신비주의를 폐기하는 것은 아니다. 좀 더 승화된 상태의 십자가 신비주의를 형성했을 것이라는 가정을 할 수 있다. 또한 승화된 십자가 신비주의를 형성했다 하더라도 심리적으로 완전히 통합된 것은 아니다. 불가피한 분열의 흔적은 남아 있게 마련이다.

연구자는 이용도의 신학적 연구의 특성을 수용하면서, 그것을 유발한 심리학적 관점을 페어베언의 대상관계 이론에 따라 정신 분석할 것이다. 페어베언은 분열성 성격을 연구하여 정신분석학계에 공헌한 이론가이자 임상가로서, 이용도의 심리적 분열성과 신학적 이원론을 다루기 위한 적절한 이론이다. 대상관계 이론은 한 이론이 아니라, 여러 이론의 집합체로 이루어진 것이기에 필요에 따라서 클라인, 위니캇 등의 이론을 도입하되 각주로 처리할 것이다. 자칫 페어베언의 논점이 흐려지는 것을 차단하기 위해서이다. 그러나 대상관계 이론은 프로이트의 정신분석 이론에서 발전된 것이고, 프로이트의 많은 이론을 수용하기에 필요에 따라서 프로이트의 이론을 사용할 것을 밝힌다. 세부적인 분석 과정에서 삼위 하나님의 존재 유무를 분석하는 환원론의 입장은 배제하되, 할 수 있는 한 십자가 신비주의를 심리학적으로 재구성해 볼 것이다. 그럼으로써 기존 신학적 연구가 안고 있는 한계에 대한 새로운 관점을 제공해 줄 수 있다고 믿는다.

4. 이용도 연구 자료의 문제점

이용도 1차 자료는 4가지로 분류할 수 있다.

첫째는 변종호가 편집한 『이용도 목사 일기』와 『이용도 목사 서간집』이다. 일기는 6·25사변으로 소실된 1928년도분을 제외하고, 신학교 4학년 재학 중인 1927년부터 서거한 1933년까지 상당한 분량이 전해지고 있다. 서간집에는 보낸 편지 90통과 받은 편지 300통 중 13통만 선별되어 실려 있다. 내용의 일부는 생략 처리되고 인명의 일부도 익명으로 처리되어 있다. 편저자는 1934년 서간집 초판 서문에서 선별의 기준을 "이 목사님의 당시 생활상과 이 목사님에 대한 그때의 인심 동향 또는 신앙생활에 익이 될 만한 편지"[24]라고 규정함으로써 편집 기준이 있었음을 밝힌다. 김형기는 서간집의 편집의도를 "변종호는 특히 편지에서 자신과 관련된 부분을 삭제했고, 소위 원산파와 예수교회에 관련되는 부분들을 삭제하거나 익명화함으로써 시무언을 옹호하려 했다는 것"[25]이라고 설명하고 있다.

둘째는 이용도 생전에 김인서에 의해 발행된 『신앙생활』[26]에 실

---

24) 변종호 편, 『이용도 목사 서간집』(서울: 장안문화사, 1993), p.10. 이하 『서간』으로 표기함.

25) 김형기, 「시무언 신학의 사상적 연관들: 시무언 연구의 심화를 위한 시론」, 『이용도의 생애·신학·영성』(서울: 한들출판사, 2001), p.128.

26) 1931년 평양에서 발행한 종교잡지이다. 1941년 5월에 정간되었다가 1951년 부산에서 속간되었고 1956년에 폐간되었다. 이 잡지는 교권주의에 대한 반발, 종파주의에 대한 거부, 신령주의적 분파운동 등에 대한 비판 의식을 담고 있다. 김인서는 이 잡지에서 이용도와 연관설이 있는 예수교회를 비판하고 있다.

린 몇 편의 신앙의 편지, 신앙의 일기, 단상 등이 있다. 그러나 대부분 변종호 편저의 글들에 수록되어 있는 것이다.

셋째는 이용도가 초대 선도감이었던 것으로 알려진 예수교회의 『예수』라는 잡지에 실린 글이다. 『예수』[27)]지는 1933년부터 1941년까지 30여 쪽의 분량으로 80호까지 발행된 것으로 알려졌다. 그러나 6·25 사변으로 소실되고 37개 호만 전해져 오고 있다. 여기에 이용도의 서간, 일기, 성시 등 15개가 각각 1쪽 분량으로 실려 있고, 어거스틴의 참회록이 몇 회에 걸쳐 번역 연재되고 있다. 변종호의 글에서와 같이 편집자의 생략 처리된 부분이 발견되고 일기 날짜가 실리지 않은 것이 특색이다.

넷째로 이용도 저술이 있다. 변종호 편저『이용도 목사 저술집』[28)]으로 출판되었고 여기에는 성자 시메온을 비롯한 위인들의 이야기, 훈화, 성극, 성경공부 공과 등이 실려 있다.

2차 자료는 변종호가 이용도 관계문헌을 총망라해서 묶은 것으로 이용도 목사 전집에 수록되어 있다. 또한 1935년 대한기독교서회에서 발간된『한국 기독교 문학회』라는 잡지에 12회에 걸쳐 연재된 피터스(Victor Wellington Peters)의「시무언, 한국 기독교 신비주의」[29)](Simeon, a christian Korean mystic)가 있다. 피터스는 이용도와 절친한 선교사로서 이용도를 옹호하는 변종호와는 달리 그의 공과 사를 함께 다루면서 비교적 객관적 입장을 취한다.

---

27) 예수교회 공의회에서 발간한 두 권의 영인본 참고: 이영근 편, 『예수1』(서울: 예수교회 공의회, 1993): 이영근 편, 『예수2』(서울: 예수교회 공의회, 1993): 이영근 편.

28) 변종호 편, 『이용도 목사 저술집』(서울: 장안문화사, 1993). 참조.

29) 1935년 대한기독교서회에서 발간된 『한국 기독교 문학회』라는 잡지에 12회에 걸쳐 연재된 이용도의 자서전이다.

이용도에 대한 최근 연구들은 주로 변종호의 이용도 전집에서 인용되고 있다. 그것은 다른 자료들의 내용이 너무 빈약하거나 대부분 변종호 편 서간이나 일기에 실려 있기 때문이다. 이용도와 예수교회를 보는 관점이 『신앙생활』은 비판적이라면, 『예수』지는 우호이다. 이러한 입장 차이 때문에 이용도의 글이나 관련 내용을 실을 때에도 편집자의 의도가 있었을 것이다. 그렇다 하더라도 현재까지는 주로 사실(fact)[30]과 관련된 몇 가지 의혹이 있을 뿐이지 이용도 신앙 사상을 뒤바꿀 내용이 발견되지 않고 있다. 비록 변종호가 이용도 원문을 독점했다 하더라도, 이용도 연구의 최대 공로자가 변종호임은 충분히 인정할 만하다. 한국교회사 인물 중 이용도만큼 많은 자료를 확보한 인물도 흔하지 않기 때문이다. 교회사가 이덕주는 변종호의 공을 인정하면서도 그의 편집의도가 이용도의 사실적 연구에 장애가 됨을 지적하고, 향후 자료 비평을 가할 필요가 있음을 제기한다.[31] 그러기 위해서는 이용도 자필의 원문 발굴이 중요하겠으나 현재로서는 묘연할 뿐이다.

이용도 자료에 본문 비평의 여지가 있다 하더라도 정신분석적 연구에 있어서는 큰 문제되지 않는다. 아무리 편저자의 의도대로

---

30) 다음과 같은 것을 들 수 있다. ①1931년 7월 1일자 ≪기독신보≫에 의하면 주일학교연합에서 이용도의 능력을 인정해 간사로 청빙한 것으로 되어 있다. 이후 간사직 사직도 순회 목사가 되어 조선교회를 부흥하려는 자신의 결정으로 본다. 반면 변종호는 이용도의 부흥회가 논란이 되어 교단에서 전근시킨 것으로 전한다. 또한 부흥회식의 교사 교육이 문제가 되어 교단에서 순회 목사로 파송한 것으로 전한다. ②변종호는 소위 원산파 한준명 사건 이전까지 이용도의 부흥회에 문제가 없었다고 한다. 반면 피터스는 이용도의 부흥회와 그의 신앙 사상과 관련하여 일련의 문제가 있었음을 지적한다. ③변종호는 이용도가 예수교회의 초대 선도감이 된 것에 대하여, 이용도는 교회의 분열을 원하지 않았으나 그들의 내몰림에 대한 동정으로 된 일이라고 한다. 반면 예수교회에서는 이용도 자신의 적극적인 의지가 있었음을 주장한다.

31) 이덕주, 「이용도 목사의 성자 이야기」, 『세계의 신학』 제61호, 한국기독교연구소, 2003. 12, pp.212-214.

원문을 소개했다 하더라도, 거기에는 이용도의 심리구조와 리비도의 양과 방향성에 대한 정보가 담겨 있게 마련이다. 정신분석적 주관심은 정서를 다루는 데 있기 때문이다. 정신분석적 심리생애사 연구는 비정신분석적 심리생애사 연구와는 달리 단편적인 문헌으로도 심리적 재구성을 시도한다. 변종호 편저의 글들에 주관적인 편집의도가 있다 하더라도 정신분석적 연구 자료로서는 적합성이 있다고 판단한다.

5. 연구범위와 목적

연구 범위는 이용도의 신학적 신비주의에 대한 대상관계 정신분석이다. 심리학적 분석과 신학적 연구 결과의 상호 연관성과 차별성이 분석 과정에서 부분적으로 암시되겠지만, 양자를 이론적으로 통합하는 과정은 칼케톤 모형에 따라 불가하다. 다만 어떻게 상호교류가 일어나는지를 규명하는 작업으로서 심리학적이고 초월적인 전이를 다룰 뿐이다. 연구자는 기존의 신학적 연구와 짝을 이루면서도 대조를 이루는 심리학적 연구로 제한한다. 범위는 십자가 신비주의로 한정한다. 좁은 의미는 이용도의 십자가 신비주의에 대한 분석이다. 넓은 의미로는 그의 삶 전반이 십자가 신비주의로 대변될 수 있기에 삶 전반에 대한 분석으로 볼 수 있다. 분석과정에서 무의식의 역동을 반영해 주는 꿈과 환상도 포함한다.

분석 자료는 문헌 연구라는 한계를 가진다. 정신분석의 특성상 피분석자의 자유연상이 필수적이지만, 그렇게 하지 못하는 분석적 한계를 극복하기 위해서 세부적 분석을 뒷받침할 수 있는 그의 원자료를 인용하겠다. 이용도 관계 문헌으로는 1993년 장안문화사에서 개정 출간한 변종호 목사 편저 『이용도 목사 전집』 10권과 피터스(Victor Wellington Peters)의 "시무언, 한국 기독교 신비주의"[32] (Simeon, a christian Korean mystic)를 주 자료로 사용하겠다. 페어베언의 대상관계 이론은 그의 논문집을 수집하여 책으로 엮은 *"Psychoanalytic studies of the personality"*[33]를 주 문헌으로 사용한다.

각 장에서 다루어질 연구 범위는 다음과 같다.

제2장에는 분석도구가 되는 페어베언의 분열성 성격 이론을 설명해 주는 리비도 이론, 내적 대상, 자아 / 대상의 분열, 도덕적 방어를 다룬다.

제3장에서는 이용도의 생애와 십자가 신비주의의 형성 과정으로서 초기 정신구조의 형성과정과 그 내용들이 후기 그의 삶과 목회에 어떻게 연결되고 있는지 분석한다.

제4장에서는 십자가 신비주의가 출현하기 이전, 이용도 삶의 특징인 외부대상에 대한 공격성과 그 이면에 잠재되어 있는 십자가 신비주의의 내면화에 대하여 분석한다.

제5장에서는 공격성 투사가 부분적으로 철회되면서 신앙의 대상인 고난당하는 그리스도에게 리비도가 집중되는 십자가 신비주의의

---

32) 1935년 대한기독교서회에서 발간된 『한국 기독교 문학회』라는 잡지에 12회에 걸쳐 연재된 이용도의 자서전이다.

33) W. Ronald D. Fairbairn, *Psychoanalytic studies of the personality*(London: International Universities Press, 1941).

외면화에 대하여 분석한다.

제6장에서는 십자가 신비주의에서 그리스도의 이상적인 사랑으로 리비도가 집중되는 사랑의 신비주의로 전환하는 과정을 분석한다.

제7장은 결론으로서 본 논문을 간단히 요약하고 한계와 이후 연구 과제에 대하여 다룬다.

본 연구의 목적은 이론적 측면에서 두 가지, 목회상담 및 심리치료라는 임상적 측면에서 두 가지를 들 수 있다.

이론적 측면은 다음과 같다.

첫째, 일반적인 논점에서, 신학과 심리학의 관계를 규정하는 칼케톤의 모형론에 따라 신학적 인간과 심리학적 인간은 각각의 정체성을 가지면서도 상호 교류하고 있음이 밝혀질 것이다.

둘째, 본 연구의 핵심 논점으로, 이용도의 십자가 신비주의는 초기 대상관계의 파생물로 형성되었음을 분석하는 것이다. 이것은 심리학적으로 자아를 고난당하는 그리스도와 동일시하는 것인데, 이를 분석함으로써 이용도 십자가 신비주의의 특성에 대한 심리학적 원인이 밝혀질 것이다.

임상적 측면에서는 다음과 같다.

첫째, 목회 심리치료의 모델로서, 칼케톤 모형에 따른 목회 심리치료 전문가는 신학적 언어와 심리학적 언어를 모두 사용해야 하는데, 상호 어떻게 영향을 주고받는지 임상적 통찰을 제시할 수 있다.

둘째, 본 연구는 이용도를 내담자로 가정하고 그를 대상관계 이론에 따라 정신분석 하는 가설을 가진다. 목회 심리치료사로서 내담자를 어떻게 분석해야 하는지 분석적 방법을 제공한다.

Ⅱ. 종교인의 심리생애사 연구

Chapter II

종교인의 심리생애사 연구

1. 정신분석과 심리생애사 연구

한 인간을 이해하는 방법론적인 문제를 고찰해 볼 때, 그가 생존했던 삶의 자리에서 연구되는 것이 객관성과 타당성을 가진다. 이것은 한 시대의 인간 이해는 당대의 문화, 종교, 예술, 철학 등에 의해 영향받을 수밖에 없다는 것을 의미한다. 가령 어거스틴은 인간의 정신 기능을 이성, 기억, 의지로 보았는데, 이러한 이해는 중세까지 전해져 내려온다. 어거스틴의 입장을 수용한 중세의 신비가 십자가의 성 요한은 영성의 길을 이성이 믿음으로, 기억은 소망으로, 의지는 사랑으로 변형하는 과정임을 밝힌다. 이러한 인간 정신의 기능과 신앙의 표상들은 그 시대 인간과 신앙을 이해하는 데 중요한 개념이었다.

전통적인 기독교의 인간 이해는 죄와 은총의 커다란 범주 안에 머물러 있다. 기독교인들이 성서의 인물을 이해하는 데 있어서 신학적인 범주 밖으로의 여행을 매우 두려워하고 있다. 이는 오랜 세월 동안 내려온 교리와 전통을 중요시 여기는 종교의 보수성에 원인이 있고, 한편으로는 신학적인 언어와 견줄 만한 언어의 부재이기 때문이기도 하다. 소위 중세의 '철학은 신학의 하녀'라는 전제는 철학의 언어들이 신학의 언어를 해석하고 대화하는 데 많은 한계가 드러났다는 것을 의미하기도 한다.

하지만 르네상스와 산업혁명을 거치면서 인문, 과학의 혁신적인 발달로 인간을 이해하는 다양한 시각들이 등장하기 시작했다. 기독교 공동체 안에서도 신학의 다양성이 수용되면서 이 전에는 금기로 취급되었던 성서 비평학이 등장하고, 신학의 관심이 인간으로 초점이 옮겨지기도 하였다. 즉 현대에 개발되고 심화된 방법론을 사용하여 구시대의 전통이나 한 인간을 이해하는 기준으로 삼는 것인데, 이렇게 함으로써 어느 한 전통의 도식적 도그마에 묶여 있지 않는 학문적 포용성이 열리기 시작했다.

이러한 격동기에 오스트리아 빈에서 신경과 전문의로 개업을 해서 정신과 의사로 전환한 지그문트 프로이트(Sigmund Freud1856. 5. 6~1939. 9. 23)는 인간의 무의식을 연구하여 '정신분석학' 이론을 체계화시킨다. 그는 당대에 여성의 생물학적인 구조에 원인이 있다고 여긴 히스테리[34]를 성적 환상에 기인한 의식과 무의식의 갈등으로 풀어 가고 임상 치료로 이어지는 심층심리학적인 이론과 치료 기법들을 발전시켜 나간다.

무의식에 대한 탐구는 기존의 정신의학 체계뿐만 아니라 철학,

---

34) 어원은 라틴어로 자궁을 뜻하는 'histeria'에서 나왔다. 히포크라테스 시대부터 여성의 자궁이 문제가 되어 발병한 것으로 이해한 병이다. 이것을 프로이트는 성적 환상이 억압되어 신체 마비 등 이상이 오는 심리적인 원인으로 보았으며, 당대에 매우 혁신적인 진술이었다.

문화, 종교 등에 광범위한 영향을 주었다. 수 세기 동안 종교가 가지는 고집 내지는 정체성이 있어 왔다. 그것은 과학의 발달로 이전에 영적인 것으로 이해한 어떤 것들의 해석 기준을 과학에게 내어 주면서, 인간 심리내적인 영역만큼은 종교의 유일하고도 양보할 수 없는 영역이기를 바라는 것이다. 하지만 정신분석학의 발달과 보급으로 종교의 영역으로 자리매김한 현상들에 대한 심리학적인 발견들이 제시되고, 종교적인 방식이 아닌 심리치료로 마음의 문제를 해결하는 치료 모델이 형성되기 시작했다. 프로이트 이후 스위스의 많은 목회자가 그들의 목양실에서, 혹은 자신의 개인 상담실에서 프로이트의 정신분석 치료를 해 왔고, 여기에 대한 반기로 투르나이젠의 수직적 목회 신학이 등장했다는 것은 주목할 만하다.

프로이트의 정신분석학은 종교로까지 확장된다. 그는 1934년 "역사 소설 인간 모세"라는 저술의 초고를 완성했으나 당시 오스트리아를 주도하던 가톨릭의 반응이 두려워 이 작품을 개작하여 1938년 발표한다.35) 이 논문에 의하면 모세는 이집트인이고 그가 전한 종교는 이집트 종교이다. 그의 이러한 해석은 종교를 유아기로의 퇴행 내지는 해결되지 않은 오이디푸스 갈등의 무의식적 산물로 보는 관점을 전제로 한다. 그의 해석은 많은 논란을 불러일으키고 이후 정신분석과 신학 사이에 해묵은 감정의 원인이 되었다. 한편 그의 공로가 인정되면서 이후 무의식이 한 인간의 내면뿐만 아니라 종교와 문화, 예술 등 인간 삶의 전 영역에 영향을 미치고 상호 교류할 수 있는 것으로 확대 해석되었다.

심지어는 특정 이론도 학문적 동기와 상상력으로 형성된 것이 아

---

35) Sigmund Freud, 『종교의 기원』, 이윤기 역(서울: 열린책들, 2005). pp.255 - 428.

니라 자신의 무의식적 역동에 기반을 두고 있는 경우가 있음을 살펴보아야 한다. 프로이트는 정신 신경증의 원인으로 유혹이론을 오랫동안 고수해 왔다. 그것은 그의 환자를 분석한 임상에 토대를 두고 있다. 그런데 타당한 이유 없이 오이디푸스 콤플렉스로 유혹이론을 대체한다. 이처럼 기존 이론을 폐기하고 그것을 새로운 이론으로 대체한 것에 대하여 반신환의 연구는 무의식의 영향을 확대 적용하고 있다. 프로이트는 아버지 장례식을 치루고 나서 "너는 눈을 감아라."라고 말하는 아버지 꿈을 꾼다. 이것은 아버지의 치부에 눈을 감으라는 것이고, 프로이트는 여기에 순종해 아버지에 대한 원감정을 억압함으로 아버지를 보호하려는 무의식적 동기를 가졌다는 것이다. 그리고는 자연스러운 발달 과정에서 나타나는 오이디푸스의 성적 환상을 다룸으로써 아버지에게 면죄부를 주고 있다는 것이다.[36] 그리고 수치심이 아닌 승리감을 느꼈다고 하는데, 이는 무의식 안에서 아버지와의 화해가 정신분석의 근간 이론을 탄생시켰다는 가설을 논증해 준다.

무의식에 대한 의미 있는 탐구는 인간을 이해하는 중요한 축을 형성하고 역사를 보는 패러다임의 전환을 가져왔다. 앤 베리 율라노프(Ann & Barry Ulanov)는 무의식의 발견에 대하여 다음과 같이 기술한다.

---

36) 반신환, 「프로이트의 유혹이론(seduction thery)의 포기에 대한 탐구: 생애 역사(Life History) 연구의 방법론과 적용」, 『지도 상담』 제21집(계명대학교 학생생활 연구소, 1996), pp.45-59: 초기 프로이트는 어린이들에 대한 폭력을 기술하기 위해서 강간(rape), 유혹(seduction), 공격(attack), 폭행(assault), 폭력(aggression), 상처(trauma) 등 다양한 용어를 사용하다가 후기에 모든 용어를 유혹이란 말로 대체하였다. 유혹이론이란 히스테리, 강박증, 편집증 등의 원인으로 어떤 형태로든 아버지가 아동에 대한 학대가 있었다는 것이다. 그러나 프로이트는 그의 환자를 분석하면서 초기 유혹은 실제가 아니라 후기 오이디푸스의 경험으로 해석한 성적 환상이라고 재이론화한다. 이후 오이디푸스 이론을 발달시킨다.

> 무의식의 발견 이후로 역사학은 변화를 겪고 있다. 인간이 현재 안으로
> 가져오는 과거의 모든 것, 그의 현재의 모든 것과 함께 인간이 변한다. 우
> 리는 필요로 하는 모든 기술과 또 많은 정보를 실제로 갖고 있지 못하지
> 만, 논쟁의 여지없이 분명한 사실은 무의식의 발견이 역사과정에 결정적인
> 영향을 끼쳤으며, 계속해서 영향력을 발휘하고 있는 여러 방식에 대해서
> 진지하게 고려해야 한다는 것이다.[37]

정신분석의 임상적이고 학문적인 발전을 통하여 또 하나의 괄목할 만한 연구결과를 얻게 되는데, 그것은 한 인간을 심리학적으로 탐구하는 심리생애사(psychobiography) 연구이다. 심리생애사 연구의 특징은 개인을 움직여 가는 시스템은 외부가 아닌 내면의 심리적 역동과 의도에 있다는 기본적인 전제를 가진다. 프로이트는 레오나르도 다빈치와 그의 어린 시절에 대한 정보가 담긴 "레오나르도 다빈치의 청년시절에 대한 조사 자료집"을 읽은 후 그의 생애에 대한 정신분석적 연구를 하여 1909년 정신분석학회에 발표한 바 있다.[38] 이어 1916년에서 1917년에 걸쳐 괴테의 "시와 진실"에 나타난 어린 시절을 분석한 논문을 같은 학회에 발표한다.[39] 프로이트의 딸 안나 프로이트에게서 정신분석 수련을 받은 월터 랑거(Walter C. Langer 1899~1981)는 제2차 세계대전 중 미국 전략사무국(OSS: CIA전신)의 지원을 받아 히틀러에 대한 방대한 자료 및 면담을 통해서 1941년에서 1944년에 걸쳐 히틀러의 생애와 성격에 대한 정신분석적 비밀 보고서를 작성한다.[40] 에릭 에릭슨(Erik H. Erikson)

---

37) Ann & Barry Ulanov, *Religion & unconsious*, 이재훈 역, 『종교와 무의식』(서울: 한국 심리치료연구소, 1997). p.146.

38) S. Freud, 『예술, 문학, 정신분석』, 정장진 역(서울: 열린책들, 2003), p.161.

39) Ibid., pp.383-398.

40) Walter C. Langer, *The mind Adolf Hitler*, 최종배 역, 『히틀러의 정신분석』(서울: 솔출

은 1958년 『청년 루터』[41]와 1969년 『간디의 진실』을 펴냄으로써 서구 사회에 심리생애사적 연구의 중요성을 알리게 된 계기가 되었다. 최근에는 호르게 드 그레고리오(Jorge De. Gregorio)가 『나의 이성 나의 감성: 성, 사랑, 그리고 무의식』[42]이란 제목으로 출간한 전 미국 대통령 빌 클린턴에 대한 정신분석적 연구, 저스틴 프랭크(Justin A. Frank)의 현직 미 대통령에 대한 연구로서 『부시의 정신분석』[43]은 많은 화젯거리가 되고 있다. 한국에서는 2000년 신용구의 『박정희 정신분석: 신화는 없다』[44]라는 책이 출간되었다.

한편 신학과 정신분석 간에 상호 교류의 장을 추구하려는 학자들에 의해서 기독교 영성가들에 대한 정신분석 연구도 이루어지고 있다. 심리학적인 도구로는 종교를 퇴행의 관점에서 보는 정통 프로이트의 이론을 넘어선, 기독교 신앙과 대화가 가능한 개념들을 포함하고 있는 대상관계 이론을 주 도구로 활용하고 있다. 후술할 마이스너(W. W. Meissner)의 로욜라의 이냐시오에 대한 심리학적 연구, 클레어(Michael St Clair)의 성 어거스틴(St. Augustine of Hippo, 354~430)과 성 테레제 마틴(St. Therese Martin, 1873~1897)의 심리학적 연구가 대표적인 사례이다.

정신분석으로 심리생애사를 연구하는 방식은 개인의 복잡한 내

판사, 1999).

41) Erik H. Erikson, *Astudy in psychoanalysis and history: Young man Luther*, 최연석 역, 『청년 루터』(고양: 크리스천 다이제스트, 2000).

42) Jorge De Gregorio, *My head and my heart*, 김미겸 역, 『나의 이성 나의 감성』(서울: 한국심리치료연구소, 2003).

43) Justin A. Frank, *Bush on the couch*, 한승동 역, 『부시의 정신분석』(서울: 한영 문화사, 2005).

44) 신용구, 『박정희 정신분석: 신화는 없다』(서울: 뜨인돌, 2000).

력과 현상에 확대 적용될 수 있고, 감정과 동기의 복합체를 다루기에 탁월한 이론으로 인정되어 왔다. 런얀(Willam Mckinley Runyan)은 정신분석 이론이 심리생애사 연구에 하나의 정설로서 넓게 사용되는 이유에 대하여 다음과 같이 설명한다.

첫째, 한 개인의 생애 중 난해한 행동 유형을 설명하고 해석함에 있어서 적합성을 가진다.

둘째, 정신분석 이론가들은 역사적인 인물들의 단편적인 자료들을 가지고도 분석적 숙고를 한다. 반면 다른 이론가들은 그렇게 할 수도 없고 하지도 않는다.

셋째, 정신분석은 융통성 있고 개별 사례를 연구할 수 있는 개념적인 도구를 제공한다.

넷째, 반복되는 사고나 행동 유형의 의미를 찾으려는 인간의 욕구를 만족시키는 정신분석은 어떤 면에서 실수할 수도 있는 심리생애사 연구가들의 해석적 작업에 공헌해 왔다.

다섯째, 정신분석치료사들이 그들의 임상에서 그 이론이 유용하다는 것을 발견하는 것처럼, 전기적인 자료를 분석해 나가는 심리생애사 연구가들은 정신분석 이론이 유용하다는 것을 반복적으로 경험하게 된다.[45]

---

45) William Mckinley Runyan, *Life histories and psychobiography*(New York Oxford: Oxford University Press, 1984), pp.220 - 221.

2. 비정신분석적 심리학과 심리생애사 연구

정신분석이 심리생애사를 연구하는 하나의 정설로 자리매김하는 과정에서 비정신분석적 접근도 일정한 공헌을 해 왔다.

학습이론은 심리생애사의 해석을 위한 정보를 제공해 줄 수 있다. 가장 잘 알려진 예로서는 프로이트의 꼬마 한스 사례이다. 울프(Wolpe)와 라흐만(Rachman)은 한스의 두려움 원인을 오이디푸스 불안으로 해석한 프로이트를 비난했다. 그것은 아버지에 대한 공포의 전치가 아니라는 것이다. 말에 대한 자극이 두려움으로 습관화되고, 다시 두려움을 만들어 내는 상황과 연합하면서 학습화된 것이라고 한다.[46]

벤저민 프랭클린(Benjamin Franklin)이 도덕적 완전성에 도달하기 위하여 자아를 통제하는 방식은 행동주의적 접근으로 설명할 수 있다. 프랭클린은 중용, 절약, 근면, 순결과 겸손을 포함한 13개의 덕목 리스트를 만들고 매일 성공과 실패를 기록하는 도표를 만들었다. 각 항목의 실천여부에 대한 기준선을 반복 기록함으로써 원치 않은 행동의 빈도가 시간이 지남에 따라 감소되는 것을 확인하고 힘을 얻었다고 한다.[47]

사회심리학적 접근은 특별한 사건이나 과정에 대한 범위로 한정지어 연구할 수 있다. '개인 지각, 개인 상호 간의 매력, 설득과 영

---

46) Ibid., p.222.

47) Ibid., p.223.

향력, 권위에 대한 복종, 편견과 차별, 사회화, 자아상과 자아존중, 태도 변화'[48] 등이 여기에 속한다. 예를 들면 권위에 대한 복종의 연구는 베트남의 대량학살 기간, 혹은 2차 세계대전 당시 나치당 사람의 행동을 분석할 때 명확해진다. 사회심리학적 분석은 개인의 인식과 행동을 남에게 돌리는 것과 관련이 있고, 특히 정치적 리더들의 특정 행동을 해석하는 도구로서 유용성을 가진다.[49] 그러나 정신분석적 접근같이 개인의 일생을 통괄하기보다는 특별한 사건을 이해하는 데 전망을 가진 것으로 보아야 한다.

발달심리학은 전 생애 주기에 따른 발달과업을 다루기에 정신분석적 접근과 관련성을 가진다. 유아기, 소년기, 청소년기, 결혼, 부모 되기, 이혼 등은 특별한 사건과 변화로서 조직화되기에 심리생애사 연구의 구성요소가 될 수 있다. 정신분석적 심리생애사 연구에 공헌할 수 있는 이론으로서는 레빈슨(Daniel Levinson)의 성인발달 과정인 인생의 사계절을 들 수 있다. 성인들은 생애 주기마다의 변화와 재구성을 위한 선택과 결단을 한다. 레빈슨이 제기한 인생의 중요한 두 가지 구성요소는 꿈과 멘토이다. 꿈은 자기가 이미 지화된 환영이고, 멘토는 모델이며 안내자이다. 레빈슨의 이론을 포괄적으로 적용한 경우로서 스타우드(Staude)의 융(C. G. Jung) 연구가 있다. 스타우드는 융의 멘토로서 프로이드를 주시하고, 레빈슨의 개념으로 융의 중년기를 분석한다. 융은 성인 초기에 괄목할 만한 성공을 거두나, 중년기에 들어서서 그런 외적인 성공의 가치 부여에 실패하면서 내면의 경험을 가지고 새로운 인생구조를 재설

---

48) Ibid., p.225.
49) Ibid., pp225 - 226.

정한 것으로 본다.[50]

비정신분석적 접근은 정신분석적 접근에 부분적으로 해석의 지평을 넓혀 주거나 해석의 오류를 수정해 주는 기능은 하지만, 그것들은 조직화되었기보다는 단편적인 요소로 존재한다. 런얀은 정신분석적 심리생애 연구가들의 전문성이 비정신분석적 심리생애 연구가보다 우월성에 있음을 인정한다. 그리고 "비정신분석적 접근은 질적인 면과 양적인 면에서 아직 정신분석적 접근에 필적하지 못해 왔다. 현재, 활동 영역에서 지배적인 이론적 정위(orientation)로서 정신분석의 지위를 도전하며 그 지평에서 어떤 중요한 경쟁자가 되는 것처럼 보이지 않는다."[51]라고 함으로써 정신분석적 심리생애사 연구의 권위를 인정하고 있다.

3. 정신분석과 종교

개인의 신앙형태를 정신분석적으로 연구할 때, 신학과 대화가 가능한 정신분석학파를 선별해야 한다. 종교의 기원과 현상에 대하여 연구한 프로이트는 종교 행위를 자아가 합리적으로 현실과 관계 맺는 것을 피하여 본능(Id)과 초자아(Super Ego)로 회귀하는 것으로 보았다. 본능 안에서 유아기의 쾌락 욕구가 투사되는 것이다. 그는

---

50) Ibid., pp226-227.
51) Ibid., p.230.

"이드가 있는 곳에 자아가 있게 하라."라고 함으로써 본능 욕구를 억압하지 말고 합리적으로 처리하라고 했는데, 이 말은 자아의 성숙으로 종교를 필요치 않는다는 그의 논지를 확인해 준다. 초자아는 해결되지 않은 오이디푸스의 갈등으로 아버지 신에 충성을 맹세한다.

> 기독교의 경우, 인간의 원죄란 의심할 나위도 없이 아버지인 신에 지은 죄이다. 그런데 그리스도는 스스로 목숨을 제물로 바침으로써 인간을 원죄의 압박으로부터 구제한다. 그렇다면 인간의 원죄는 무엇인가? 우리는 인간의 원죄가 살해 행위였다는 결론을 내리지 않을 수 없다. 인간의 감정에 깊이 뿌리 내리고 있는 탈리온(복수의 법칙)에 따르면 살인죄는 다른 생명을 제물로 바칠 때만 화해가 가능하다. 그러니까 자기희생의 바탕에는 살인죄가 깔려 있었다고 보아야 한다. 만일에 이런 인신 공양을 통해 하느님 아버지와의 화해가 가능해진다면, 속죄해야 하는 죄는 아버지 살해 죄일 수밖에 없는 것이다.[52]

프로이트가 이처럼 종교를 신경증적인 산물로 보는 이유는 그의 환자 중 대다수를 차지했던 신경증 환자의 종교와 무관하지 않다. 그는 종교가 가지고 있는 창의적인 면이 아닌 강박증적인 요소로부터의 자유를 원했다고 볼 수 있다. 앤 베리 율라노프는 심층심리학자의 무의식적 동기를 탐구해야 한다고 하면서, 프로이트가 의식적으로는 종교를 제거하려는 것처럼 보이지만, 무의식적 동기는 사람들이 종교라고 부르는 것을 제거하려는 동기를 가지고 있었다고 한다.[53] 그가 생애 말년까지 "인간 모세와 유일신교"의 저작에 몰두했던 일, 죽음의 순간에 악마에 관한 책인 발자크의 『죽음의 피

---

52) S. Freud, 『종교의 기원』, 이윤기 역(서울: 열린책들, 2005), pp.23 - 231.
53) Ann & Barry Ulanov, op. cit., pp.52 - 53.

부』를 꺼내든 일은 그가 신의 존재를 인정했을 것이라는 추측을 가능하게 한다. 그렇다 하더라도 인간을 생물학적인 존재로 보는 프로이트의 욕동 심리학은 관계를 지향하는 기독교 신학과 대화할 수 있는 개념을 가지고 있지 않다. 따라서 종교를 심리학으로 대체하려 했다는 환원론자라는 평가를 면할 수 없다.

이후 정신분석은 리비도가 욕동에서 관계를 지향하는 새로운 모델을 지향한다. 그러한 이론 전반을 대상관계 이론이라고 한다. 비록 프로이트가 자아가 대상과 가지는 관계에 대하여 처음 언급을 했지만, 대상관계 이론가들은 그의 이론과는 다른 새로운 모델을 제시한다. 이 이론에 따르면 인간은 생애 초기부터 관계를 지향한다. 종교적인 심성도 오이디푸스 시기에 아버지상에서 형성되는 것이 아니라 전 오이디푸스 시기에 어머니의 상에 영향을 받는다. 리비도는 쾌락을 추구한다는 프로이트의 욕동이론과는 다르게 리비도는 최초 대상인 엄마나 돌보는 사람을 추구하는 것으로 본다. 삼위 하나님과 그에 대한 인간의 관계를 진술하는 기독교 신학과 유비적으로 대화할 수 있는 개념들이 등장하게 되었다. 이후 관계모델로 전환된 정신분석학은 기독교 신학과 대화의 장을 열기 시작했다. 다음은 종교에 대하여 우호적인 입장을 취하는 대상관계 이론가들이다.

위니캇은 유아가 절대적 의존기에서 상대적 의존기로 넘어가는 과정에서 불안을 담아 주는 기능으로 중간대상(Transtional Object)이라는 독특한 개념을 발견해 낸다. 중간대상은 기본적으로 환상의 영역에 있지만 내면세계도 아니고 외부세계도 아니다. 주체도 아니고 객체도 아니다. 프로이트가 건강과 병리의 경계선을 환상과 현실의 이분법으로 보았지만, 위니캇은 양극의 상호 완충 지대인 중간 영역을 설정한다. 이 영역은 종교, 예술, 문화 등의 영역이기도 하다.

위니캇 학파 종교 심리학자 마이스너(W. W. Meissner)는 종교적 표상과 경험은 주관도 객관도 아닌 그 중간에 위치하고 있는 것으로 본다. "종교 경험은 전적으로 주관적인 것도 아니고 객관적인 것도 아니다. 주관과 객관이 상호 침투하는 영역이다."[54] 마이스너는 이 공간이 주관적 요소와 객관적 요소의 상호 교환하는 공간임을 강조한다. 신학에서 하나님의 내재성과 초월성을 동시에 논하는 것처럼, 종교경험도 내 안에서 체득되는 것이기에 주관적이면서도 내 밖의 존재와 접촉이 이루어지기에 객관적이다. 위니캇의 중간영역에서 종교는 더 이상 욕동의 파생물이 아니라 삶을 풍요롭게 하고 창의력을 가져다주는 놀이의 공간이다.

코헛(Heinz Kouhut)에 의하면 아동은 생존을 위해서 타자를 필요로 한다. 이때 타자는 아동의 취약함을 떠맡아 주는 역할을 한다. 이를 자기 대상(Self Object)이라고 한다. 아동은 자기의 응집력이 형성되기 위해서 자기대상과 융합이 필요하며, 자기대상이 되어 준 부모의 영향을 받을 수밖에 없다. 코헛에게 자기는 자아 심리학의 자아보다 더 큰 의미를 가지고 있고, 그의 정신분석학은 자기 심리학(Self Psychology)이라 한다. 한편 자기는 자기대상과의 관계의 질에 의하여 변형과 성숙으로 나가기에 코헛의 자기 심리학도 대상관계 이론의 범주에 포함한다.

코헛은 하나님은 자기대상과 연대하는 하나의 축으로서 기능할

---

54) W. W. Meissner, *Psychoanalysis and religious experience*(New Haven and London: Yale University Press, 1984), pp.178.

수 있다고 한다. 외부 실재에 자기대상이 결여되었을 때 대체적 역할을 하는 자기 대상을 만들어 내는 것은 자산이며 능력으로 본다. 코헛은 "예술과 종교의 역할과 중요성에 대하여 고전적 정신분석과는 다르게 있는 그대로 긍정적으로 평가하는 것"[55]을 인정한다.

본 논문의 분석 도구로 사용하려는 페어베언(W. W. D. Fairbairn 1889~1964)의 정신분석 이론은 프로이트와 결별하기를 주저하여 고전적 정신분석 이론을 받아들이면서도, 한편으로는 대상관계 이론으로 나아가고 있는 당시 영국의 클라인(Melanie Klein)의 이론에 비하여 진일보 앞서 나가고 있다. 페어베언은 1941년 "정신병과 정신 신경증에 관한 새로운 병리학"을 발표하면서 고전적 리비도 이론과 결별한다. 그의 정신분석 이론은 '리비도는 대상을 추구한다.'라는 정의로부터 출발함으로 프로이트의 욕동이론이 들어설 자리를 차단한다.

페어베언의 자아는 처음부터 온전한 형태를 가지고 있다. 자아를 본능의 부산물로 보는 프로이트와 다르다. 자아는 대상과 관계를 지향해 나가는 데 피할 수 없는 환경의 실패로 자아 - 대상의 분열을 가지고 온다. 치료란 좋은 대상인 치료자를 만나서 분열된 부차적 자아에 대한 억압의 기능을 하는 중심 자아가 현실의 대상과 관계 맺게 하는 일이다. 그의 정신분석 이론은 자아가 대상과 가지는 관계양식을 규정하는 방식으로 프로이트와는 결별한 순수 대상관계 이론이란 평가를 받는다. 페어베언은 인간이 하나님과 타인과 관계 맺을 수 있는 능력을 인간의 정수로 보았다. 존스(James W. Jones)

---

55) James W. Jones, *Contemporary Psychoanalysis and Religion*(New Haven and London: Yale University Press, 1991), p.64 재인용.

에 의하면 정신분석으로 종교를 보는 페어베언의 관점은 목사가 되기 위한 그의 신학적 훈련과 더불어 평생 기독교인으로 남아 있었던 종교적 배경에 있었다고 한다.[56]

종교에 관심을 가지고 있는 분석가들은 프로이트의 고전적 이론보다는 대상관계 이론이 종교에 대하여 보다 우호적이라는 사실을 쉽게 발견하고, 그들의 이론을 정교화시켜 나가고 있는 것을 볼 수 있다.[57] 그러나 대상관계 이론가들은 종교 심리학자가 아니다. 종교와 심리학과의 관계를 세부적으로 정의하는 것에 대해서는 관심이 없다. 또한 종교 현상을 심층적으로 분석하지도 않는다. 페어베언도 마귀 들림과 내적 나쁜 대상과의 연관을 분석하면서 환원론에 빠지는 것을 우려하여 신학적인 언어를 절제하고 있다. 주 관심사는 그가 타인과 삼위 하나님과 관계 맺는 방식이 전이를 통해서 어떻게 전개되고 특징짓는지 탐구하는 작업이다. 존스는 그의 저서 『현대정신분석과 종교: 전이와 초월』에서 정신분석으로 종교를 분석하는 범위에 대하여 다음과 같이 설정하고 있다.

> 전이를 이해하는 모델은 종교의 정신분석적 연구의 초점을 바꾸어 놓을 것이다. 이러한 모델과 관련해서 종교는 본능이나 내면화된 대상이 노출되는 것에 대한 방어가 아니다. 오히려 하나님과, 신성한 것, 우주, 공간과 시간의 현상적 세계를 뛰어넘는 실재와의 관계로서 정의할 수 있다. 그리고 종교의 정신분석적인 연구는 개인의 종교적인 신념, 경험, 그리고 실천이 자신의 경험에 대한 해석과 내면화된 깊은 관계 구조 안에서 역동을 어떻게 반영하고 있는지 연구하는 것이다.[58]

---

56) James W. Jones, *Religion and Psychology in Transition: Psychoanalysis, Feminism, and Theology*(New Haven and London: Yale University, 1996), p.28.

57) Ibid., pp.28 - 29.

58) James W. Jones, *Contemporary Psychoanalysis and Religion*, p.63.

종교와 심리학은 전혀 다른 언어를 사용하는 독립적인 체계를 가지고 있다. 종교의 언어를 심리학의 언어로 환원시키는 작업은 신학을 심리학 안으로 포함시키는 것과 같다. 프로이트 학파가 병리적인 종교를 설명하는 데는 일정한 공헌을 하면서도, 종교인들의 지지를 받지 못하는 이유는 그들의 이론을 이상화함으로써 종교의 순기능마저도 평가절하 하는 그들만의 나르시시즘 때문이다. 종교에 대하여 우호적인 입장을 취하는 대상관계 이론가들은 종교 경험을 삼위 하나님과의 관계 경험으로 보고, 초월적 경험은 초기 그의 부모와의 실제적인 경험과 깊은 관련이 있다는 입장을 취한다. 따라서 관계의 유형과 리비도의 방향성은 종교 안에서 전이를 통해서 반드시 드러난다. 대상관계 이론은 관계의 형태로 표현된 초월자에 대한 표상을 심층적으로 분석하는 도구로서 유용성을 가진다. 이러한 심층심리학적 발견은 종교인에 대한 신학적 연구의 한계를 보완할 수 있으며, 상호 의미 있는 대화를 촉진시킬 수 있다고 본다.

4. 종교인의 심리생애사 연구

다음은 대상관계 이론을 주 도구로 사용한 세 명의 성인들에 대한 정신분석이다.

마이스너(W. W. Meissner)는 로욜라의 이냐시오에 대한 심리학적 연구[59]를 하였다. 마이스너에 의하면 이냐시오 생애에는 회심 이전과 이후에 심리학적 중요한 단서가 있다고 한다. 회심 이전에는 아버지로부터 내사된 오이디푸스적인 자기애적 과대주의에 따라 기사도 정신의 높은 명예, 그리고 여성들이 좋아하는 자아 이상을 추구한다. 공격성과 조급성, 강한 의지력이 성격의 주 특징을 이루고 있다. 자아이상을 실현하기 위해서 팜프로나 전투에 참여하나 부상병이 되어 돌아옴으로써 그의 자기애적 이상은 좌절된다. 로욜라 성에서의 회심 경험은 생애 초기에 상실한 어머니에 대한 애도, 그리고 퇴행을 통한 재연합을 의미한다. 이는 세상을 향한 가치체계의 변화를 의미하며 세상을 향한 자기애적 리비도는 하나님 나라의 기사도를 향한 리비도로 대상 전환을 한다. 더 이상 세상의 아버지 뜻이 아닌 하늘 하나님 뜻을 추구하는 기사도 정신이 예수회의 모토인 '하나님의 보다 더 큰 영광을 위하여'가 된 것이다.

클레어(Michael St Clair)는 성 어거스틴(St. Augustine of Hippo, 354~430)과 성 테레제 마틴(St. Therese Martin, 1873~1897)을 대상관계 이론에 따라 정신분석 했다.[60]

클레어의 연구에 의하면 어거스틴의 신앙은 심리학적으로 두 가지의 중요한 과제를 성취함으로써 형성된다. 하나는, 그는 초기 어머니와의 만족스러운 관계로 어머니를 이상화하였으나, 이후 성장하면서 어머니의 과도한 개입에 따른 어머니와의 분리 독립의 과제를 가졌다. 다른 하나는, 아들이 이교도가 되기를 원한 고집스러

---

59) W. W. Meissner, *The psychology of a saint Ignatius of Loyola*(New York: Yale University, 1992), 참조.

60) Michael St Clair, *Human Relationship and the experience of God: Object relations and religion*(New York: Paulist Press, 1994), 참조.

운 아버지와의 관계에서 해결되지 않은 오이디푸스 성적 과제이다. 어머니와의 관계에서 그는 침범해 오는 어머니를 밀어내면서 어머니의 하나님도 밀어낸다. 성적 방종은 기독교적 가치관에 어긋나는 것으로 어머니와 어머니의 하나님에 대한 저항으로 볼 수 있다고 한다. 이후 아버지의 죽음과 아버지로서 그를 맞이해 준 암브로스 감독을 만난다. 그는 암브로스 감독에게 아버지로부터 해결되어야 할 감정적 질문을 쏟아 놓은 것으로 알려졌다. 그러면서 기독교 신앙으로 돌아온다. 이 시기에 때를 맞추어 어머니에 대한 애정의 재접근이 이루어진다. 이것은 초기 만족스러운 관계의 재현이고 대상과 주체 사이의 모호한 경계를 반영하는 것으로, 어거스틴의 신앙형태를 특징짓는다. 즉 자신이 어머니의 이상적인 사랑에 의해 압도당하듯이 하나님의 사랑으로부터 압도당한다. 생애 초기 어머니와의 만족스러운 융합관계, 사춘기의 저항과 분리, 아버지를 대체할 수 있는 인물과의 만남, 어머니와 애정으로의 재접근, 이러한 일련의 심리 생애로 인해 그는 성(性)적인 문제를 다루는 성숙한 신학을 지향한다. 이단과 논쟁하고 신학을 집대성하는 서방 기독교의 대부가 된다. 클레어는 어거스틴을 전 성기적(pre-sexual) 유아적 의존의 단계에 고착되지 않고, 오이디푸스의 갈등을 해결한 어른의 영성으로 본다. 그리고 그것을 가능하게 했던 하나님 사랑의 인격성은 그가 경험한 어머니의 대상 경험이라는 것이다.

반면, 예수의 작은 자로서의 영성을 형성한 테레제는 어거스틴과 대조를 이룬다. 테레제는 전 성기기에 의존의 문제와 관련하여 두 차례, 그리고 이후 한 차례의 심각한 외상을 입는다. 첫째는 아홉 명의 자녀 중 막내로 태어나 3개월이 지난 후 집을 떠나 1년 이상

유모와 함께 살면서 형성된 분리 불안의 문제이다. 둘째는 4세 때 어머니가 유방암으로 세상을 떠남으로 대상 항성성의 실패를 가져 온다. 셋째는, 그녀가 9세 되던 해 어머니 역할을 해 온 15세 연상의 언니인 폴린이 카르멜 수도원에 입소한 것이다. 비록 아버지를 포함한 그녀의 자매들이 따뜻한 돌봄을 제공했지만, 생애 초기의 상실 경험으로 이후 의존의 문제로 많은 고통을 받은 흔적들이 발견된다. 클레어는 테레제의 작은 자로서의 영성은 의존의 과제와 관련해서 이해될 수 있다고 본다. 사춘기가 되어서는 또래 친구들과 교제를 못했고, 우정을 불신하기조차 했다. 아버지의 귀여운 공주, 귀여운 막내로서 고착된 상태로 머물러 있기를 원했다. 따라서 그녀의 하나님 표상은 모성적 현존인 편안함과 안전함으로 대변된다. 그녀의 그리스도 대상과 자기 표상은, '작은 예수와 작은 성 처녀', '아이 예수님과 작은 장난감' 등 의존의 심상을 담고 있다. 그녀는 생애 후기에 이르러 하나님과의 신비적 연합에 대하여 발달의 단서가 될 만한 성적 은유를 사용하지만, 그것들은 에로틱하기보다는 순진한 영적의 표현들에 가까운 것으로 본다. 클레어는 테레제가 이룬 예수님과 경계 없는 융합은 의존과 안정감 등으로 대변되는 전 성기적인 과제의 산물로 본다.

사회학자이면서 그 자신이 프로이드 심리학의 대가였던 필립 리프(Philip Rieff)는 1960년대에 '심리적 인간'이란 개념을 제안했는데, 안석모는 그의 심리적 인간의 내용을 다음과 같이 본다.[61] 1) 내면세계에 중심을 둔다. 2) 내면세계는 갈등관계에 있다. 3) 이 인

---

61) 안석모, 「새 밀레니엄의 심리학적 인간상」, 『한국기독교신학논총』 19집, 2000, pp.44 - 58.

간은 역사를 문제 삼기보다는 자기 자신만을 관심한다. 4) 심리적 인간의 종국적 과제는 자기(Self)이다. 5) 그것을 해결하려는 이상형의 인간은 현자(the sage)이다. 6) 현자가 추구하는 것은 내적 깨달음이다.

위 논지에 따라 한 종교인의 심리생애사를 연구함으로써 다음과 같은 발견을 할 수 있다. 첫째, 그의 내면의 갈등과 무의식적 원인이 명료해진다. 둘째, 그 갈등을 해결하기 위하여 투사되는 심리적 표상 및 성격의 특성이 드러난다. 셋째, 심리적 인간의 종국적 과제인 자기가 종교의 어떤 부분과 동일시를 이루고 있는지 종교적 심상을 통해서 알 수 있다. 넷째, 개인의 고유한 영성적 특징을 가능하게 한 무의식적 역동을 탐색할 수 있다.

Ⅲ. 페어베언의 심리 구조 이론

페어베언의 심리 구조 이론

페어베언(W. Ronald D. Fairbairn 1889~1964)은 인간 본성을 관계모델로 규정함으로써 종교에 대한 정신분석의 관점을 전환시킨 이론가로 인정받는다. 그는 1911년 에딘버러 대학에서 철학 학사 학위를 받았고, 이후 목회자가 되기 위해 런던대학에서 신학을 공부했다. 그러나 1차 세계 대전에 참전 후 의대에 진학해 정신의학을 공부하여 정신과 의사와 정신분석가가 된다. 그가 욕동정신분석학을 순수 대상관계 이론으로 발전시킬 수 있었던 것은 몇 가지 이유가 있다. 첫째는 지리적 이유이다. 그는 정신분석의 본거지가 아닌 에딘버러 대학에서 활동했기 때문에 상대적으로 프로이트 학파의 저항에서 비켜갈 수 있었다. 둘째는 그가 경험한 철학과 신학의 학문적 다양성은 기존 정신분석의 틀을 재검토할 수 있는 안목이 되었다.[62] 셋째는 연구자의 관점이다. 그는 평생을 적극적인 기독교인으로 남아 있던 분석가로서 프로이트의 인간 이해를 받아들일 수 없었으므로, 관계를 지향하는 신학적 주제를 자신의 심리학으로

---

62) Jay R. Greenberg& Stephen A. Mitchell, *Object relations in psychoanalytic theory*(Cambridge: Harvard University Press, 1983), pp.151 – 152.

끌어들여 정신분석 이론을 새롭게 재구성했을 것이다. 즉 신학에서 하나님의 형상대로 인간이 창조되듯이 그의 정신분석학에서 자아 (Ego)는 본래부터 완전한 상태로 존재한다. 신학에서 하나님과 이상적 관계에서 실패함으로써 인간이 원죄의 굴레를 쓰듯이, 그의 심리학에서 돌보는 부모와의 이상적 관계에서 실패한 유아의 정신 구조는 불가피하게 분열된다. 신학에서 그리스도와의 인격적 관계에서 구원을 받듯이, 그의 심리학에서는 좋은 대상의 내면화로 분열에서 통합으로 간다. 신학에서 사탄이 악의 세력으로 구원을 훼방하듯이, 그의 심리학에서는 내면화된 나쁜 대상은 분열을 촉진한다. 성직자의 역할은 분석가와 기능적으로 동일 선상에서 이해될 수 있다.

1. 리비도 이론

리비도(Libido)는 심리적 에너지로서 정신구조에 투자된다. 프로이트에 의하면 리비도의 원천은 본능(Id)으로서 자아와 초자아의 구조와는 떨어져 있는 에너지이고, 리비도가 정신 구조에 투자되는 것은 에너지 집중(Cathexis)이라고 한다. 정신분석에서 리비도의 이해는 그것과 관계 맺는 정신 구조, 즉 자아와 초자아의 역할을 규정하게 된다. 프로이트의 정신분석에서 리비도는 욕동과 동일시되어 있다. 모든 생명체는 리비도 본능으로 종족을 번식시키는 것처

럼, 인간을 생물학적인 존재로 보는 프로이트에게 리비도 방출은
곧 긴장해소의 방편이 된다. 프로이트는 리비도를 다음과 같이 정
의한다.

> 이제 나는 여러분께 어린이의 성 생활을 가장 명확하게 보여주는 상태
> 를 소개할 예정입니다. 이런 의도를 효과적으로 달성하기 위해서 〈리비도:
> Libido〉 개념을 소개할 생각입니다. 리비도는 배고픔과 마찬가지로 본능이
> 드러내는 힘을 나타냅니다. 즉 배고픔이 영양을 섭취하려는 충동을 불러일
> 으키는 힘인 것처럼, 리비도는 성적 충동을 불러일으키는 힘입니다. 다른
> 개념들, 가령 성적 자극과 만족은 더 이상 설명이 필요 없습니다. 유아의
> 성적 활동성의 경우, 그것을 해석하기 위해서는 많은 노력이 요구된다는
> 사실은 여러분 자신이 쉽게 간파할 수 있습니다. …… 최초의 성적 자극
> 들은 유아의 경우, 생명의 유지에 긴요한 다른 기능들과의 연관 속에서 나
> 타납니다. 여러분이 아시다시피, 유아의 주된 관심은 음식의 섭취에 있습
> 니다. 만약 그가 어머니의 젖으로 배를 불린 후 잠이 든다면, 이는 행복한
> 만족의 표현이며, 이 같은 현상은 성인이 된 후 극도의 성적 쾌감을 체험
> 한 후에 반복됩니다. …… 우리는 새로운 음식을 요구하지도 않으면서,
> 음식을 계속해서 섭취하려는 유아의 행동을 관찰합니다. 여기서 그의 행동
> 은 어떤 배고픔의 충동에 의해서 좌우되는 것이 아닙니다. 우리는 〈그가
> 무언가를 빤다〉고 말합니다. 그리고 그가 이런 행위를 하면서 행복한 표정
> 으로 잠이 든다면, 빠는 행위 자체가 그에게 만족을 가져다주는 것입니다.
> 잘 알다시피 유아들은 무언가를 빨지 않으면 잠을 자지 않는 습관을 익힙
> 니다. …… 따라서 우리는 어린이가 쾌락 획득 이외에 다른 의미가 없는
> 행위를 한다는 것을 알 수 있습니다. 그는 이런 쾌감을 최초로 음식을 섭
> 취하면서 체험했지만, 곧바로 이런 조건과 관계없이 쾌감을 느끼는 방법을
> 터득했다고 간주할 수 있습니다. 쾌락의 획득이 오직 입과 입술의 주변을
> 자극하는 것과 관계하기 때문에 신체의 이 부분들은 〈성감대 *erogene*
> *Zonen*〉로 불립니다. 그리고 빠는 행위를 통해 달성된 쾌감은 〈성적인
> *sexuelle*〉 것으로 표현됩니다.[63]

---

63) S. Freud, *Vorlesungen zur Einführung in die Psychoanalyse*, 임홍빈 · 홍혜경 역, 『정
신분석학 강의』(서울: 열린책들, 2003), pp.423 – 424. 라틴어 libido는 정신 에너지로서
어원적으로는 갈망(envie), 성적 욕망(désir amoureux), 민감함(sensualité)을 의미한다.

프로이트의 리비도는 신체의 일부에 집중하는 성 에너지이다. 리비도 이론은 유아 성욕론으로 개념화되면서 초기에 많은 오해와 비판을 불러일으켰으나, 성적으로 억압된 빅토리아 사회 구조에서 히스테리라는 심리적 질병의 원인을 밝히고 치료하는 데 일정한 기여를 한 것은 사실이다. 이후 리비도 개념의 발달과정에서 자아 리비도와 대상 리비도로 나누어지고, 말기에는 삶의 본능과 대조를 이루는 죽음 본능 이론의 태동으로 리비도를 '삶의 본능으로 사용되는 에너지'라고 재정의 하기도 한다. 하지만 그는 대상 리비도의 개념을 발전시키지 않고 욕동 위에 그의 정신분석학 이론을 세운다. 심리학에 대한 어떤 이론이든지 간에 그것은 이론가의 인간이해에 그 기초를 두고 있다. 인간을 생물학적 관점에서 보고 구조와 에너지를 별개로 보는 뉴턴의 물리학 범위 안에 있는 프로이트로서는 매우 과학적인 접근 방법이라고 할 수 있다. 그러나 이후 변화하는 시대상에 걸맞게 정신분석 이론이 활용되기 위해서는 리비도 이론의 수정이 불가피했다.

프로이트 이후 정신분석 그룹에서 인간에 대한 이해를 달리한 학파가 등장하면서 자연스럽게 고전적 리비도 이론은 수정된다. 이것은 새로운 정신분석학의 태동을 의미한다. 클라인(Melanie Klein)은 리비도에 대한 고전적 이론을 수용하면서 수정된 이론을 제시한 정신분석가이다. 그녀의 초기(1910~1925) 리비도 이론은 프로이트의 욕동 이론에서 출발한다. 이 시기 그녀의 이론에 의하면 아동의 세계는 성적인 의미를 가진 대상들로 가득 차 있다. 직선과 원,

---

1905년 프로이트는 리비도를 '인간이 태어날 때부터 갖추고 있는 본능 에너지'라는 정신분석적 개념으로 사용했다.

혀와 입안을, 남근과 질로, 수학에서 나누기는 격렬한 성교로, 음악은 부모가 성교하는 소리로 상징된다. 어머니 몸에 대한 호기심에서 세상에 대한 호기심으로 이어지는 지적인 탐구들은 성적 환상을 동반한다.[64] 그녀의 리비도 이론은 프로이트의 이론을 확인시키는 것처럼 보인다.

클라인의 후기(1934~1945) 이론에서 리비도는 신체적 쾌락이 아닌 대상을 추구하는 개념으로 수정된다. 추구하는 대상은 선험적으로 존재하는 환상의 세계와 상호 교류하면서 대상의 성격을 규정하게 된다. 생후 4개월 이전까지는 편집 분열적 자리로서 대상을 파괴하고 공격하는 부분대상과의 관계이다. 4개월 이후 우울적 자리에서 리비도는 파괴된 대상을 사랑하고 보상하면서 전체적 대상을 회복시킨다.[65] 이와 같이 클라인의 후기 리비도 이론은 프로이트와는 전혀 다른 개념을 발달시키지만, 그녀는 자신의 리비도 이론이 프로이트 이론의 확장이라는 범위 안에 두는 논리적 애매함을 남겼다. 이런 이유로 인해 오늘날 프로이트 학파와 대상관계 학파 양자는 클라인의 이론을 자신들의 이론으로 끌어들이고 있다.

페어베언은 고전적 정신분석에서 대상관계 이론으로 넘어가는 과정에서 결정적인 역할을 한다. 클라인의 이론을 알고 있던 그는 리비도 이론에 과감한 수정을 가함으로써 자신의 새로운 이론적 가설을 세운다. 다음은 새로운 정신분석학의 출현을 암시하는 페어베언의 리비도 이론이다.

---

64) Jay R. Greenberg & Stephen A. Mitchell, op. cit., pp.121 - 122.

65) Melanie. Klein, "Love, guilt, and reparation", *Love, guilt, and reparation and other work 1921~1945,*(New York: The Free Press, 1975), pp.306 - 343 참조.

　　고전적 리비도 이론은 본질적으로 대상관계에 기초한 발달 이론으로 변
형되어져야 한다. 현 리비도 이론의 커다란 한계는 그것이 단지 자아의 대
상관계를 조절하기 위한 기술들로 증명된 다양한 표현들에 대하여 리비도
적 태도의 지위를 부여한다는 사실에 있다. 물론 리비도 이론은 성감대 개
념에 기초해 있다. 그러나 우선적으로 성감대는 단순히 리비도가 흐르는
경로라는 것과 리비도가 그 경로를 따라 흐름으로서 그 경로가 성적인 것
이 된다는 것을 인정해야 한다. 리비도의 긍극적 목표는 대상이다.[66]

　‘리비도의 긍극적 목표는 대상’이라는 정의는 프로이트와의 결별
이며 성적인 인간관에서 대상관계를 지향하는 인간관으로의 전환
이다. 그러면 왜 리비도는 구강, 항문, 남근을 경로로 사용하는가?
페어베언에 의하면 이러한 지대는 저항이 가장 적은 곳으로 유아
가 대상과 관계를 맺기에 가장 적절한 통로이기 때문이라고 한
다.[67] 가령 유아가 손가락을 빤다고 하자. 그것은 성적 쾌락의 추
구로 생물학적 긴장을 완화시키기 위한 목적이 아니다. 젖가슴과의
대상관계 실패의 산물이거나 젖가슴과의 관계를 갈망하는 행위이
다. 젖가슴은 전체대상으로서 엄마로 건너가기 위한 부분 대상으로
서의 위치를 가진다. 즉 손가락이란 스스로 만들어 낸 대체물이다.
그의 이론에 의하면 충분히 좋은 돌봄을 받은 유아는 손가락을 빨
필요가 없다. 대상으로 향하는 리비도 실패는 후에 대상관계의 실패
나 좌절을 가지고 오며 분열성 성격을 유발하는 근본 원인이 된다.
　페어베언의 성격발달 이론은 리비도가 대상에 투여되는 정도에
따라 세 단계로 구분한다.

---

66) W. Ronald D. Fairbairn, "A Revised psychopathology of the psychoses and
　　 psychoneuroses(1941)", *Psychoanalytic studies of the personality*(London: International
　　 Universities Press, 1992), p.31.

67) Ibid., pp.31 - 32.

첫째, 유아적 의존 단계가 있다. 이 단계는 함입(incorporating), 빨기(sucking) 또는 거절하기(rejecting)를 특징으로 하는 초기 구강기와 함입(incorporating), 빨기(sucking) 또는 깨물기(bitting)를 특징으로 하는 후기 구강기를 포함한다.[68] 이 시기는 젖가슴이란 부분 대상에서 젖가슴을 가진 전체대상으로의 발달을 추구한다. 페어베언에 의하면 초기 구강기는 공격성 이전의 단계로 유아의 리비도가 거절당함으로써 분열로 가고, 후기 구강기는 공격성의 출현이 거절당함으로써 우울로 간다고 한다. 한편 고전적 정신분석에서는 이 시기를 리비도가 자신에게 향하는 일차적 자기애라고 규정한 반면, 페어베언은 주체와 대상의 리비도 집중이 분화되지 않고 융합되어 있는 상태로 일차적 동일시(primary identification)라고 했다. 또한 고전적 정신분석은 이차적 자기애를 내면화된 대상과의 동일시라고 하고, 이차적 동일시를 최소한의 분화를 이룬 상태에서 주체가 대상과 융합한 것으로 본다. 이것은 고전적 이론에서 자기애를 대상과의 동일시라는 대상관계 용어로 재정의한 것으로 보아야 한다. "유아적 의존의 현저한 특징은 무조건적이다. 유아는 그의 존재와 신체적 안전감뿐만 아니라 심리적 욕구의 만족을 전적으로 그의 대상에게 의존한다."[69] 성인이라 하더라도 환경의 손상으로 유아적 의존기의 고착이나 퇴행이 일어나면 대상관계의 범위가 줄어들고 내면화된 특정대상에게 무조건적으로 리비도 집중이 일어난다.

둘째, 과도기적 단계가 있다. 유아적 의존과 성숙한 의존 사이의 교량 역할을 하는 단계로서 대상과 동일시 상태에 머물고자 하는

---

68) Ibid., p.39.
69) Ibid., p.47.

퇴행 욕구와 분리를 통해 발달을 이루려는 치열한 싸움이 진행되는 자리이다. "이 시기의 주 특징은 감옥으로부터 탈출하려는 필사적인 시도와, 집으로 돌아가려는 필사적인 시도"70)로 볼 수 있다. 유아는 일차적 동일시에서 벗어나 이차적 동일시로 나아가는데, 이때에 주체와 융합된 대상이 외부대상임을 발견하게 되고 유아의 리비도는 현실의 관계를 추구하게 된다. 이것은 결코 쉽지 않은 과제로서 대상관계의 질에 따라 발달여하가 결정된다.

프랭크 서머즈(Frank L. Summers)는 페어베언의 과도기적 단계를 말러의 분리개별화(separation – individuation) 견해와 가까운 것으로 본다. 독립을 위해서 고립이라는 모험을 감수하고 내적 대상을 축출할 것인지, 혹은 분리를 못해 내더라도 안정을 위해서 내적 대상을 보유할 것인지의 갈등이 따르는데, 성공적인 해결은 내적 대상을 보유하고 의존하면서도 분화를 유지해 내는 일71)로 본다. 결국 성숙이란 내적 대상을 보유한 상태에서의 분화라고 할 수 있다. 위니캇도 이 시기에 중간영역을 설정하여 환상의 영역이 있음을 인정함으로 내적 대상의 유용성을 인정했다. 반면 페어베언은 과도기적 단계의 완벽한 과제를 내부에서 외부로의 완벽한 리비도 전환으로 본다. 그러한 완벽이란 이론적으로만 가능하다. 실패가 뒤따르게 마련이다. 그 실패의 산물로 내적 대상이 출현했다는 것이다. 페어베언은 자아가 내적 대상이나 환상의 세계와 관계하는 것은 대상을 추구하는 리비도 실패의 파생물로 본다.

---

70) Ibid., p.43.

71) Frank L. Summers, *Object relations theories and psychopathology: A comprehensive text*, 이재훈 역, 『대상관계 이론과 정신병리학』(서울: 한국심리치료연구소, 2004), pp.50 – 51.

셋째, 성숙한 의존의 단계가 있다. 이 시기는 자기와 대상을 분리하고 성기를 가지는 전체 대상과 관계를 가지며 주는 것(giving)을 주 특징으로 한다. 유아는 수용된 대상과 거절된 대상이 따로 있는 것이 아니라, 한 대상이 좋을 수도 있고 나쁠 수도 있음을 받아들이고 리비도를 외부 대상으로 향하는 능력을 가진다. 퇴행이란 리비도가 향하는 대상이 좋고 나쁨으로 분리되는 것이다. 또한 리비도가 내적 대상으로 집중하는 것이다. 통합이란 대상으로 향하는 리비도가 좋고 나쁨을 둘이 아닌 하나로 인식하는 것으로 억압 에너지를 소모하지 않는다. 또한 리비도는 주로 현실의 대상으로 집중하는 것이다. 페어베언은 분열성 성격의 기초가 이 시기 이전에 있다고 보았기에 성숙한 의존에 대해서는 다루지 않고 있다. 다만 그의 이론에서 성숙이란 완전한 성숙이 아니라 실패한 성숙만 있을 뿐이다.

페어베언의 리비도 이론은 프로이트의 생물학적 리비도가 개입될 여지를 남겨 두지 않음으로 순수 대상관계 이론에 기초한 정신분석학의 토대를 구축해 놓았다.

2. 내적 대상

'리비도는 대상을 추구한다.'는 페어베언 이론의 출발이다. 초기 아동의 자아 기능인 리비도는 비록 불완전하더라도 쾌락이 아닌 대상을 추구한다. 그러나 유아적 의존 단계와 과도기적 의존 단계를 거치면서 완벽한 대상관계란 불가능하여, 모든 아동은 돌보는 어머니로부터 좌절을 경험할 수밖에 없다. 혹은 상상 속에서 거절로 인한 절망을 경험할 수도 있다. 그리고 이러한 좌절은 아동에게 다음과 같은 심리적 왜곡을 가져오게 한다.

첫째, 좌절을 받아들일 수 없는 아동은 어머니에 대한 자신의 사랑이 나쁜 것으로 믿고 어머니를 나쁜 대상으로 간주한다. 둘째, 아동은 자신의 사랑을 나쁜 것으로 믿기에, 그 사랑을 좋은 것으로 보존하기 위해서 외부로 투사하지 않고 내면에 간직한다. 셋째, 대상의 이미지가 내면화된 아동은 외부 대상이 나쁘고 믿을 수 없는 것으로 여긴다.[72]

출생 초기부터 존재하여 외부대상과 관계 맺도록 되어 있던 자아가 대상관계의 실패로 그것을 보상하기 위해서 내적 대상을 만들어 내고 그것과 관계를 맺는다. 페어베언은 "심리학은 개인이 대상과 갖는 관계의 연구이며, 정신 병리학은 보다 구체적으로 자아가 내면화된 대상과 갖는 관계에 대한 연구"[73]라고 했다.

부모에게 심리적, 생물학적으로 의존되어 있는 아동에게 부모가 나쁜 것은 감당할 수 없는 일이다. 아동은 자신을 돌보는 대상을 좋은 대상으로 변화시킬 수 없으니 나쁜 대상이라도 내면화할 수밖에 없다. 이러한 나쁜 대상의 내재화는 아동과 성인, 정신병 환

---

72) W. Ronald D. Fairbairn, "Schizoid factors in the personality(1940)", *Psychoanalytic studies of the personality*(London: International Universities Press, 1992), pp.17－18.

73) W. Ronald D. Fairbairn, "The repression and the return of bad object(with special referecce to the 'war neuroses') (1943)", *Psychoanalytic studies of the personality* (London: International Universities Press, 1992), p.60.

자에서부터 정상인에게 이르기까지 광범위하게 적용된다. 그렇다면 정신병자로, 신경증 환자로, 정상인으로 구분할 수 있는 기준은 무엇인가? 페어베언에 따르면 다음의 세 가지 요인에 달려 있다. "첫째, 나쁜 대상이 무의식에 얼마나 쌓여 있으며, 그리고 나쁜 대상의 나쁨이 성격화되어 있는 정도, 둘째, 자아가 내면화된 나쁜 대상과 동일시되어 있는 정도, 셋째, 이러한 대상들로부터 자아를 보호하는 방어의 성질과 강도의 정도"74)이다.

한편 내면화된 대상은 분열되는데, 이러한 원리에 따르면 모든 사람의 심리구조는 분열성이라는 관점에서 이해할 수 있고, 분열성은 또한 기본적으로 내향적이다. 그것은 외적인 대상관계의 실패를 내적인 대상관계의 보존으로 대체한 것이다. 페어베언은 분열성 성격의 특성을 세 가지로 설명한다.75)

첫째, 특정 영역에 대한 전능적인 태도를 취함으로 외부 대상에 우월감을 가지는데, 그 내면에는 과도한 보상작용과 열등감이 숨겨져 있다.

둘째, 고립되거나 정서적으로 거리 두기의 표현으로 지적 추구에 몰두할 수도 있다. 하지만 이것은 사회적 역할을 수행함으로 감추어질 수 있다.

셋째, 가장 중요한 특징으로 내적 대상에 대한 몰두이다. 그 내적 실재는 유사한 정서를 가진 외적 대상과 동일시를 함으로 그것에 몰두하기도 한다.

나쁜 대상의 내재화는 정신병리를 설명하는 개념이라 할 수 있는

---

74) Ibid., p.65.

75) W. Ronald D. Fairbairn, "Schizoid factors in the personality(1940)", pp.6 - 7.

반면 좋은 대상의 내면화는 정리병리를 막거나 치료한다. 페어베언에 의하면 좋은 대상의 내면화는 초자아의 역할을 한다. 좋은 대상이 내면화됨으로 나쁜 것은 무조건적인 나쁨이 아니라 조건적인 나쁨이 되고, 좋은 것도 무조건적인 좋음이 아니라 조건적인 좋음이 된다. 이는 무조건적으로 좋고 나쁨으로 가는 분열보다는 발달의 수준으로 볼 수 있다.[76] 좋은 대상과 나쁜 대상은 내면화되고, 그 대상과 짝을 이루는 자아도 내면화된다. 페어베언의 이론에서 내면화는 필연적인 실패의 산물이다. 내면화된 대상－자아의 통제에서 벗어나 외부 대상과 현실의 관계를 맺는 것만이 건강으로 가는 길이다.

페어베언의 심리치료 이론은 내면화된 나쁜 대상으로부터 풀려나는 것이며, 분열된 자아에서 중심 자아의 기능이 확대되는 것이다. 치료는 이상적 대상의 기능을 수행하는 치료자와 질적으로 좋은 관계, 그리고 전이관계와 공감적 해석을 통해서 성취된다. 환자는 치료실 안에서 치료자의 공감으로 지지받고, 나쁜 내적 대상과의 동일시로 야기된 죄책감에 대하여 초자아 수준의 해석을 제공받음으로써 환자의 무의식을 압도하고 있는 나쁜 내적 대상으로부터 풀려나오게 된다. 하지만 죄책감의 방어를 제거하는 것은 환자에게 또 다른 저항을 불러일으키고 공포를 가져다줄 수 있다. 이때 환자는 다시 나쁜 내적 대상으로 리비도를 집중할 수 있는데, 이것을 부정적 치료반응이라고 한다. 치료자인 좋은 대상으로부터 안전한 공간을 제공받으면서 환자가 무의식의 나쁜 대상으로부터 풀려나오게 하는 심리치료는 종교적인 의식과 유사하다.

---

76) W. Ronald D. Fairbairn, "The repression and the return of bad object(with special referecce to the 'war neuroses')(1943)", p.66.

> 나는 확신하기를, 모든 정신병리적 발달의 흔적이 발견되어지는 근본적
> 인 자리는 초자아의 영역이 아닌 오히려 이러한 나쁜 대상의 영역에 있
> 다: 모든 정신신경증 환자와 정신병 환자의 치료는, 참된 미사가 성전의
> 성단에서 거행된다면 암흑의 미사(a Black Mass)는 납골당에서 거행되는
> 것과 같다. 따라서 심리치료사는 참된 귀신 축출자의 후계자이며, 죄를 용
> 서해 주는 것뿐만 아니라 '사탄을 쫓아내는 것'과 관련이 있다.[77]

그의 이론에서 나쁜 내적 대상을 축출하는 것을 치료라고 규정한다고 해서, 모든 나쁜 대상이 축출 가능하다거나 반드시 부정적으로 작용하는 것은 아니다. 실패가 필연적인 것처럼 나쁜 대상은 심리 구조 안에 필요악으로 존재한다. 좋은 대상과 중심 자아의 기능이 확보된 상태에서 나쁜 대상은 적응을 가져오는 긍정적인 기능이 있음을 인정해야 한다.

3. 자아 / 대상의 분열

페어베언은 정신분석에 대한 자신의 관점을 국제정신분석학회에 발표했는데, 그 요점은 다음과 같다. 자아는 "출생 시부터 존재한다. 리비도는 자아의 기능이다. 죽음본능이란 없다. 공격성이란 좌절이나 박탈에 대한 반응일 뿐이다." 그리고 덧붙이기를 "원본능과 같은 것은 없다. 자아는 근본적으로 대상을 추구한다. 그러므로 리비도 또한 근본적으로 대상을 추구한다."[78]

---

77) Ibid., p.70.

가장 이상적인 형태의 대상추구는 자아가 돌보는 대상과 동일시를 이루었을 때 최적의 리비도 만족을 가져온다. 그것은 이론적으로나 가능하다. 외부 현실을 지향하는 자아가 자신의 사랑이 거절당했을 때 고통과 불안을 줄이기 위해서 나쁜 대상을 분열–억압한다. 또한 출생 시부터 원시적인 형태의 자아를 인정하고, 그 기능을 대상 추구의 리비도로 보는 이론에서 리비도의 좌절은 자아 및 대상의 분열–억압을 가져오게 된다.

프로이트의 리비도 이론에 의구심을 가진 페어베언은 유아가 엄마와의 관계에서 얻어지는 유아의 경험을 중요시하는 클라인의 학파의 이론에서 영향을 받았고, 한편 영향을 주기도 한다. 페어베언의 "성격의 분열성 요소"라는 논문에 의하면 분열은 클라인의 우울적 자리 이전에 일어난다. 이를 받아들인 클라인은 그의 편집적 자리를 편집–분열적 자리로 수정한다. 두 이론가는 공통적으로 초기 관계의 좌절에서 오는 방어기제를 대상의 분열로 본다. 질·데이빗 샤르프(Jill Savege Scharff & David E. Scharff)는 양자의 상이점을 다음과 같이 지적한다. 클라인의 이론은 불쾌한 경험을 밖으로 투사, 동일시, 투사적 동일시하면서 대상의 분열에 관심을 가진다. 반면 페어베언은 불쾌한 경험을 안으로 끌어들이는 자아의 분열에 더 많은 관심을 가졌다.[79]

에너지와 구조를 하나의 구조 안에서 보는 페어베언의 이론에서 자아와 충동은 서로 연결되어 있다. 프로이트 이론에서 자아는 초

---

78) Otto F. Kernberg, *Internal world and external reality: Object relations theory applied*, 이재훈 역, 『내면세계와 외부현실』(서울: 한국심리치료연구소, 2001), p.93. 재인용.

79) Jill Savege Scharff & David E. Scharff, *Object relations individual therapy*, 이재훈·김석도 역, 『대상관계 개인치료 Ⅰ : 이론』(서울: 한국심리치료연구소, 2002), pp.64–65.

자아의 압력으로 충동을 억압한다면, 페어베언의 이론에서 충동과 연결된 자아는 억압의 주체이며 대상이기도 한다. 즉 자아는 내면화된 대상을 억압하고, 이런 대상들과 관계 맺는 또 다른 자아를 억압한다.[80] 논리적 귀결에 따라 억압된 것은 구조의 일부로 보고 자아의 다중성이 발생한다. 페어베언은 히스테리성 해리 현상을 가진 기혼 여성의 꿈을 분석[81]함으로 자아의 다중성을 면밀하게 관찰한다.

꿈 분석 관찰 결과에 따르면 세 개의 독립된 자아–중심적 자아(Central ego), 그리고 중심적 자아에서 떨어져 나온 부차적 자아인 리비도적 자아(Libidinal ego), 공격하고 박해하는 자아–가 억압되고 분열된다.[82] 페어베언은 공격하고 박해하는 자아를 내적 파괴자(Interal saboteur)로 부르다가, 후에 반리비도적 자아(Antibidinal ego)로 재정의한다. 그 특성은 다음과 같다.[83]

①중심 자아: 분리되지 않는 자아의 잔재로서 무의식, 전의식, 의식에 걸쳐 있지만 많은 부분이 전의식의 내용으로 구성되어 있다. 현실을 지향하는 기능을 하고 비현실적인 리비도적 자아의 갈망과 반리비도적 자아의 공격성을 억압한다. 페어베언은 이것을 프로이트의 자아(Ego)와 기능적으로 가까운 것으로 보고 나(I)라고 했다.

---

80) W. Ronald D. Fairbairn, "Endopsychic structure considered in terms of object–relationships(1944)", *Psychoanalytic studies of the personality*(London: International Universities Press, 1992), pp.88–90.

81) Ibid., pp.94–101.

82) Ibid., p.101.

83) Jay R. Greenberg & Stephen A. Mitchell, op. cit., pp.163–169: The American psychoanalytic association, *Psychoanalytic term & concepts*, 이재훈 외 역, 『정신분석 용어사전』(서울: 한국심리치료연구소, 2002), p.551.

만족을 주는 이상적 대상과 관계를 맺으며 대상관계의 원동력으로
작용한다.

②리비도적 자아: 중심 자아로부터 분열되고 억압된 부분이다.
리비도적 자아는 만족을 줄 것 같은 대상을 향한 채워지지 않은 갈
망과 기대로 채워져 있다. 페어베언은 이것을 프로이트의 원본능
맥락에서 이해하였다.

③반리비도적 자아: 중심 자아로부터 분열되고 억압된 부분이다.
공격하는 부모와 짝을 이루고 있고 자신과 대상을 향한 박해 구조
를 가지고 있다. 반리비도적 자아는 리비도적 자아의 갈망과 기대
를 억압한다. 페어베언에 의하면 이것은 초자아에 견줄 만한 것이
지만, 죄책감 없는 공포감을 가지고 있는 면에서 다르다.

페어베언의 본래부터 온전한 자아, 건트립(H. Guntrip)에 의하면
온전한 잠재성을 가진 자아가 왜 분열되는가? 그것은 유아의 초기
심리적 상황인 양가감정에서 이해할 수 있다.

프로이트에 의하면 사랑과 증오의 양가감정은 두 본능이론으로
설명되어 질 수 있다. 반면 페어베언의 양가감정에서 증오하는 공
격성은 리비도 만족에서 실패한 부산물로 나타난다. 즉 공격성은
본능이 아니라 만족스럽지 못한 대상관계에서 형성된 것으로 리비
도에 종속된 것으로 이해해야 한다. 유아는 양가감정 이전 기에 이
미 대상의 좋고 나쁨을 내재화한다. 즉 외부 전체대상과의 관계 이
전에 초기의 분열이 이루어진다.

양가감정에 있는 유아는 한 대상인 엄마가 좋기도 하고 나쁘기
도 하다는 외적인 현실을 받아들이기에는 너무나 고통스럽다. 따라
서 엄마의 표상을 리비도 만족 여하에 따라서 좋은 대상(엄마)과

나쁜 대상(엄마)으로 분리시킨다. 그렇게 한다 하더라도 외부에 있는 대상을 통제하기에는 한계가 분명하다. 이 한계를 극복하는 방법으로 유아는 나쁜 대상을 내면화함으로 보다 쉬운 방법으로 자기의 통제에 귀속시킨다.[84] 나쁜 대상의 내면화로 대상과 자아의 분열이 일어나는 데 그 과정은 다음과 같다.

> 우리가 살펴 본대로 유아가 최초로 직면한 견딜 수 없는 외적인 상황을 다루는 방식에 있어서, 그가 사용하는 기술은 모성적 대상을 두 개의 대상, (a) '좋은' 대상 (b) '나쁜' 대상으로 나누는 방식이다. 그 후 나쁜 대상을 내면화 한다: 그리고 그 결과 발생된 견딜 수 없는 내적 상황을 다루는 방식으로, 그는 서로 다르지 않은 기술을 사용한다. 그는 내적 나쁜 대상을 두 개의 대상, (a) 필요하거나 흥분시키는 대상 (b) 좌절시키거나 거절하는 대상으로 분리한다. 그리고 이 두 가지 대상을 억압한다(물론 억압의 힘으로 공격성을 사용한다). 그러나 여기에는 복잡한 문제가 있다. 왜냐하면 나누어지지 않았던 대상에게 향했던 그의 리비도적 집중이 분열로 인해 생긴 대상들에게 다른 비율로 나누어지기 때문이다. 그 결과, 분열로 인해 생긴 대상들을 억압하는 과정에서 자아는 소위 위족(Pseudopodia 부차적 자아: 역주)을 발달시킨다. 그리고 위족은 억압하는 대상들에 대한 리비도적 애착을 여전히 유지한다. 위족의 발달은 자아 분열의 첫 단계이다. 대상의 억압이 진행됨에 따라 초기 자아의 분열은 공고화된다. 두 위족은 그것들이 거절하는 대상(역주: 반리비도적 자아와 짝을 이루고 있다는 측면이 아닌, 중심 자아의 입장에서 볼 때의 두 위족은 거절하는 대상에 연결되어 있음)에 연결되어 있기 때문에 중심 자아의 부분에 의하여 거절되어 진다: 그리고 그 위족과 연관된 대상과 함께 억압된다. 이런 방식으로 두 개의 부차적 자아들, 리비도적 자아와 내적 파괴자는 중심 자아로부터 분열되고 자아의 다중성이 일어난다.[85]

페어베언의 대상 - 자아 분열은 대상이 분열되고, 분열된 대상에

---

84) W. Ronald D. Fairbairn, "Endopsychic structure considered in terms of object - relationships(1944)", pp.109 - 110.
85) Ibid., pp.111 - 112.

리비도가 분급되면서 자아도 나누어지는 논리적 순서를 가진다. 하지만 대상과 자아가 일차적으로 동일시되어 있는 유아적 의존기에 어느 것이 먼저 분열되었는지는 증명할 수 없다. 증명 여부가 무의미하고 심리치료 임상에서도 중요성을 가지지 않는다. 다만 페어베언은 프로이드나 클라인처럼 분열의 선천성보다는 대상관계의 질에 따른 후천적 분열의 관점에서 그의 심리치료 이론을 전개시켰다는 차별성을 가진다.

전술한 바와 같이 흥분시키는 대상(exciting object)에 집중된 리비도는 중심 자아로부터 떨어져 나가 거절되고 억압됨으로 리비도적 자아가 된다. 흥분시키는 대상은 결코 충족될 수 없는 기대를 준다. 리비도적 자아는 흥분시키는 대상을 갈망만 할 뿐 절대 만족을 얻지 못한다. 그리고 거절하는 대상(rejecting object)에 집중된 리비도는 중심 자아로부터 떨어져 나가 거절되고 억압됨으로 반리비도적 자아가 된다. 거절하는 대상은 기대 자체를 차단한다. 반리도적 자아는 거절하는 대상을 공격하거나 깎아내림으로써 거절의 불안을 방어한다.

한편 페어베언의 초기 논문을 보면 나쁜 대상에 대한 과도기적인 방어기술로서 '수용된 대상'(accepted)과 '거절된 대상'(rejected)을 내면화한다. 수용된 대상은 자아가 관계 맺는 좋은 대상을 말하고 거절하는 대상은 수용하는 대상에게서 분열된 나쁜 대상이다. 그러나 후기 논문에서는 거절된 대상을 흥분시키는 대상과 거절하는 대상으로 분리한다. 대상의 분열에도 불구하고, 수용된 대상은 일종의 핵이 존재하게 되는데 그것은 이상화된 대상의 지위를 얻어 중심 자아의 리비도를 보유한다.[86] 이 핵은 억압되지 않고 더 이상 분열되지도 않으며, 성적 요소가 제거됨으로 거절된 대상들을 조절한다. 이상화 대상은 초자아를 형성하는 핵으로 간주되지만 그것이 도덕적 규범으로 작용하지는 않는다. 따라서 페어베언의 이상화 대상은 프로이트의 개념 중 초자아보다는 자아-이상의 맥락에서 이해함이 타당하다.[87]

페어베언은 좋은 대상이 내면화되는 이유와 시기에 대하여 다음과 같이 언급한다. "좋거나 만족스러운 대상들은 내적 세계 안에 있는 나쁘고 불만족을 주는 대상들이 주는 불안을 완화하기 위해서 후기 단계에 내면화된다."[88] 중심 자아의 일부는 내면화된 이상적 대상과 관계 맺고, 나머지는 외부 세계와 관계를 맺는다. 이와 같이 세 개의 대상과, 세 개의 자아로 나누어지는 기본적인 심리구조는 최초로 젖을 물리는 엄마와의 관계에서 형성되고, 그 방식이 아버지에게 그대로 적용될 수 있다. 즉 아동은 각각의 대상에게서 흥분시키는 대상과 거절하는 대상, 둘 다를 내면화한다. 특히 동성의 성에서는 거절하는 대상이, 이성의 성에서는 흥분시키는 대상이 주 표상으로 내면화되는 경우가 있다. 이처럼 내면화를 통한 성격 형성 과정에서 부모 사이의 관계는 양가감정을 처리하는 능력과 이상적 대상을 취하는 방식에 중요한 역할을 한다.

페어베언은 분열성 심리구조가 각 개인에게 자리 잡고 있는 방식에 대하여 다음과 같이 언급한다. 우선 가장 높은 수준에서 완전

---

86) Ibid., p.135.

87) W. Ronald D. Fairbairn, "A synopsis of the development of the auther's views regarding the structure of the personality(1951)", *Psychoanalytic studies of the personality*(London: International Universities Press, 1992), p.179.

88) Ibid., p.178.

한 통합을 이룬 사람이 있을 것이다. 그러나 그런 사람은 이론적으로나 가능하다. 그 반대편에 완전히 미통합된 사람이 있을 것이다. 연구자의 관점으로는 그런 사람은 생물학적으로만 존재하는 사람으로 이론적으로나 가능하다고 본다. 실제로는 3가지로 분류할 수 있다. 심리 구조가 심각히 손상된 정신분열증(schizoid phrenics)이 가장 아래에 위치한다. 중간 지점에 치료 가능한 왜곡된 성격 정도로 인식되는 분열성 성격(schizoid personalities)이 위치한다. 그 위에는 보통의 사람들에게 널리 퍼져 있는 분열성 성향(schizoid characters)이 위치한다.[89]

페어베언의 분열성 심리구조 원리에 따라서 심리치료의 원리를 다음과 같이 진술할 수 있다.[90]

이론적 측면에서,

첫째, 중심 자아로부터 떨어져 나가서 리비도적 자아와 반리비도적 자아에게 향한 에너지를 최대한으로 중심 자아에게도 돌려주는 것이다.

둘째, 중심 자아가 흥분시키는 대상과 거절하는 대상을 자신의 통제 아래 둔다.

임상적 측면에서,

첫째, 부차적 자아와 연결되어 있는 흥분시키고 거절하는 대상에 대한 애착을 줄인다.

둘째, 중심 자아는 부차적 자아와 그것과 연결되어 있는 두 개의

---

89) W. Ronald D. Fairbairn, "Schizoid factors in the personality(1940)", p.9.

90) W. Ronald D. Fairbairn, "Endopsychic structure considered in terms of object‒relationships(1944)", pp.129‒130.

대상들에 대한 공격을 줄인다.

셋째, 반리비도적 자아는 리비도적 자아와 흥분시키는 대상에 대한 공격성을 줄인다.

4. 도덕적 방어

페어베언은 부모의 알코올 중독, 무감각, 정서적인 침범, 저학력으로 인한 무지, 가정 폭력 등으로 수치감에 빠진 아동을 치료하면서 놀랍게도 그들이 부모의 나쁨을 나쁨으로 여기지 않고 자신에게 나쁨을 돌리는 것을 발견하였다. 부모에게 의존되어 있는 아동으로서 부모가 나쁘다는 것은 자신으로서는 환경을 개선할 수 없는 절망이다. 반면, 부모를 좋다고 여기고 그 나쁨을 자신의 것으로 돌리면 말 잘 듣는 아동이 되는 환경 조정을 통하여 희망을 가질 수 있다.

페어베언은 이것을 초자아 방어, 죄책감 방어, 도덕적 방어라고 했다. 이러한 방어의 형성과정은 세 단계로 정리할 수 있다. 첫째, 나쁜 대상이 내면화되므로 자아는 억압의 방어기제를 사용한다. 둘째, 자아가 억압된 대상을 적절히 다루지 못할 때, 그 대상은 무조건적인 나쁨이 된다. 그리고 이 대상과 동일시된 자아도 무조건적으로 나쁘다. 셋째, 아동이 환경을 조정하는 방식으로 나쁜 대상은 조건적으로 좋음의 위치에 두고, 자신은 조건적으로 나쁨의 위치에 둔다. 아동은 자신의 조건적 나쁨을 스스로 통제하므로 외부의 안전을 얻는다.[91] 그렇게 함으로써 대상이 가져야 할 죄책감을 아동이 가지게 된다. 페어베언은 이를 다음과 같이 종교의 언어로 설명했다.

> 악마에 의해 통치되는 세상에 의인으로 사는 것보다 하나님에 의해 통치되는 세상에 죄인으로 사는 것이 더 낫다. 하나님에 의해 통치되는 세상에서 죄인은 나쁘다. 그러나 주변의 세상이 선하기에 항상 안전감이 있다. …… 악마에 의하여 통치되는 세상에서 개인은 죄인된 나쁨을 피할 수도 있다. 그러나 그를 둘러 싼 세계가 나쁘기에 그는 나쁘다.[92]

일단 형성된 도덕적 방어는 아동이 부모의 학대를 정당화시키고 자신의 방어가 규칙대로 잘 지켜질 것이라는 환상과 함께 위로를 받는다. 그리고 이러한 방어는 성인이 되어도 거절당하는 경험을 통해서 반복적으로 사용한다. 이것은 가해자로부터 벗어나지 못하고 불안정한 애착관계를 지속하는 피학증(masochism)에 대한 대상관계론적 이해이다.[93]

방어로 작용된 도덕률은 끊임없이 유사한 대상관계나 환경에서 다양한 방식을 통해서 재현된다. 가학적 권위자를 합리화하는 방식이 되어 왔고, 낮은 자존감을 가진 사람이 권위에 복종함으로 안정

---

91) W. Ronald D. Fairbairn, "The repression and the return of bad object(with special referecce to the 'war neuroses')(1943)", pp.65-67. 조건적이라 함은 아동의 태도 여하에 따라서 대상은 좋을 수도 있고 나쁠 수도 있다는 의미이며, 또한 자기가 조건적으로 나쁘다는 것은 무조건적으로 나쁘지 않기에 대상에 대한 태도 여하에 따라 좋은 자기로 인정받을 수 있다는 것을 뜻함.

92) Ibid., pp.66-67.

93) David P. Celani, *The illusion of love: Why the battered woman returns to her abuser*, 김영호 외 역, 『사랑의 환상: 배우자 학대의 대상관계론적 이해』(서울: 한국 가족 복지연구소, 2006), p110.

감을 얻는 방식이 되어 왔다. 또한 강박 신경증에 자리 잡고 있는 죄책감과 종교 안에서는 해결되지 않은 피학적 죄책감에 대한 대상관계 정신분석적 설명이다. 종교와 연관된 정신 병리에서는 나쁜 대상인 사탄과의 동맹으로 자신이 사탄이 되거나 그의 하수인이 되는 증상으로 나타날 수 있다.

5. 페어베언 이론의 한계

새로운 정신분석학의 태동을 저지하는 강력한 집단은 프로이트 학파였다. 그들은 프로이트의 이론은 충실히 받아들이고 고수하는 정신분석의 파수꾼으로 존재하기를 원했고, 이러한 보수성은 시대의 변환에 따른 정신분석적 전환에 대하여 매우 배타적이었다. 페어베언의 가장 큰 공로는 새로운 정신분석학의 발전을 위하여 선구자적 역할을 하였다는 것이다. 하지만 그의 이론은 프로이트와 결별을 위한 이론인 것처럼, 지나치게 단일 구조를 가지고 있다는 비평을 받는다.

첫째, '리비도는 대상을 추구 한다.'라는 정의는 이론적으로는 가능하지만 육아와 심리치료 임상에서는 다른 견해를 가질 수 있다. 프로이트의 젖가슴은 젖을 주는 기능으로 유아를 만족시킬 수 있다면, 페어베언의 젖가슴은 인격적인 요소가 잠재되어 있는 부분대상으로 기능할 때 유아를 만족시킬 수 있다. 프로이트에게 있어서

성(sexuality) 자체로 본래의 목적을 이룰 수 있다면, 페어베언은 대상에 대한 사랑이 선행되어야 성(sexuality)도 본래의 목적을 찾는다. 인간을 보는 관점으로, 생물학적 리비도 이해와 관계 지향적 리비도 이해로 양분된 구조는 이론적으로 협상할 수 없다. 인간은 생물학적이건 관계 지향적이건 단일 구조로 볼 수 있는 존재가 아니다. 심리치료 임상에서 때로는 욕동의 분석, 때로는 관계의 분석을 필요로 하는 경우가 있다. 위니캇은 젖 자체를 제공하는 젖가슴과, 자아의 기능을 제공하는 돌보는 대상으로서의 젖가슴을 별개의 것으로 보지 않는다. 그는 "첫 대상이 젖가슴이라고 말할 때, 내가 생각하기에는 '젖가슴'이란 용어가 실제적이 상징뿐만 아니라 돌봄의 기술을 상징하는 데에도 사용된다. 엄마가 실제적인 젖의 제공자로서 충분히 좋은 엄마가 되는 것은 불가능하지 않다."[94]라고 함으로써 생물학적 모성의 기능을 인정했다. 페어베언의 리비도 이론이 이론적으로는 완전한 구조를 가지고 있지만, 지나치게 생물학적인 리비도를 부정함으로써 기질적인 측면에서 발생한 정신문제를 등한시하는 단점을 가진다.

둘째, 내적 대상의 문제점이다. 프로이트의 내적 대상의 개념은 아동이 오이디푸스의 갈등을 해결하기 위하여 동성의 부모를 동일시하는 방법으로 음성, 이미지, 가치를 내면화함으로 형성된 초자아이다. 클라인은 프로이트의 내적 대상 개념을 환상(클라인은 'fantasy'와 구별을 위한 'phantasy'라는 용어를 사용했다.)으로 확장시키고 그 시기를 오이디푸스 이전 시기로 돌린다. 클라인에 의하며 환상은 외부 대상을 경험하게 하는 선험적인 내적대상 세계이다. 즉 아

---

94) D. W. Winnicott, *Playing and reality*(London: Tavistock, 1971), p.9.

동은 젖가슴이란 환상을 가지고 부분대상인 젖가슴을 경험한다. 또한 현실적인 젖가슴 경험을 통하여 환상의 세계는 수정된다.[95] 여기에 반해 환상의 세계를 대상관계 실패로 인한 내적 대상 세계로 규정하는 페어베언의 이론은 분열성 성격을 이해하는 방식에는 납득할 만하다. 하지만 건강한 사람에게 내재되어 있는 좋은 내적 대상이나 환상의 세계는 자아의 응집력을 공고하게 하고 적응력을 길러 주는 순기능을 한다. 위니캇의 이론에서처럼 환상은 중간 대상의 영역으로서 창조성의 근원이고 문화, 예술, 종교의 세계이기도 하다. 페어베언은 환상의 순기능에 주목하지 않은 이론적 약점을 가진다.

셋째, 인간의 심리구조를 포함하여 정신 병리를 분열성의 문제로만 보는 관점이다. 태어나면서부터 온전성을 가진 자아라면 왜 분열 방어를 형성하게 될까? 이론적으로 자아가 온전성을 가졌다면 초기 과정에 실패했다 하더라도 그 온전성은 유지해야 하지 않을까? 출생 시부터 자아의 온전성을 인정할 때 모든 정신 병리의 책임은 부모가 떠안아야 한다. 이것은 페어베언이 주로 대상관계 실패에 기인한 환자들을 정신 분석함으로써 그의 이론적 체계를 세우면서 자아-대상의 분열을 전거로 할 수밖에 없었던 상황을 반영한 것으로 보인다. 그렇게 함으로써 그는 강박증, 편집증, 히스테리, 공포증을 대상의 수용과 거절과 관련된 분열의 원인으로 보고, 치료에 있어서도 무의식에 억압된 분열성을 의식화하고 직면하는 단일 방식을 취한다. 즉 모든 병리는 분열성에 대한 방어로 이해할 수 있다는 것이다. 물론 이러한 발견들이 현대로 들어서면서 코헛

---

95) Jay R. Greenberg & Stephen A. Mitchell, op., cit, pp.124 - 125.

의 자기대상이론, 컨버그(Otto. F. Kernberg)의 자기 - 대상 표상 이론 등에 의하여 인정되고 있는 추세이기는 하지만, 동일 정신병에서 나타나는 다양성과 욕구의 좌절에서 발생한 여러 질병들을 지나치게 같은 것으로 보는 한계를 가진다. 자연스러운 발달의 과정으로 설명될 수 있는 클라인의 편집 - 분열적 자리와 우울적 자리96), 위니캇의 참자기와 거짓자기 이론97)은 분석을 위한 더욱 확장된 개념을 제시해 줄 수 있다.

넷째, 대상을 좋고 나쁨의 이분법으로 분리하고 좋은 것은 나쁜

---

96) Melanie. Klein, op. cit., pp.262 - 289. 참조.
편집 분열적 자리는 생후 3~4개월까지, 우울적 자리는 그 이후의 발달과정을 말한다. 자리(stage가 아니라 position)라는 말을 사용하는 것은 성장과정으로 통과하는 것이 아니라 모든 사람의 자연스러운 발달 과정으로서, 그 주요 심리적 특징들이 환경의 변화와 정서적 상태에 따라 일생을 통하여 반복되고 있음을 말한다. ①편집 분열적 자리: 유아는 자궁의 안전함으로부터 벗어난 불안 때문에 학대받고 공격받는 환상에 시달린다. 유아는 그 공격으로부터 벗어나기 위해 엄마의 젖가슴을 공격하는 환상도 가진다. 이 시기의 불안은 죽음본능으로부터 기인한 박해불안이다. 젖가슴으로 상징화되는 부분대상과의 관계이며, 그것은 좋은 젖가슴과 나쁜 젖가슴으로 분리되어 있다. ②우울적 자리: 부분대상인 젖가슴에서 엄마라는 전체대상과 관계를 가진다. 전체대상은 자신의 공격성으로 인해 상처받아 있다. 유아는 자신이 엄마를 파괴할 수도 있다는 환상을 가지고 우울, 불안으로 들어선다. 대상회복을 위한 죄책감을 발달시키는 자리이다. 좋고 나쁨도 두 개의 대상이 아니라 하나의 대상으로 인식하면서 분열된 요소들을 통합시키게 된다. 두 자리에서의 외상(truma)은 편집증이나 우울증을 발생시킨다. 두 자리 이론은 완전하게 성취될 수 있는 것이 아니라, 인간의 정신 구조에 남아 있는 완치될 수 없는 심혼의 상처라고 할 수 있고, 적응의 방편으로 활용되기도 한다. 클라인의 이론을 알고 있던 페어베언은 부분 대상과 전체 대상 개념을 분석 도구고 받아들인다.

97) D. W. Winnicott, *The maturational processes and the facilitating environment*, 이훈 역, 『성숙과정과 촉진적 환경』(서울: 한국심리치료연구소, 2000), pp.204 - 220.
유아가 절대적 의존기에서 상대적 의존기로 넘어오는 과정에서 돌보는 사람의 대상 제공 실패로 인해 형성된 구조이다. 위니캇의 이론을 관통하는 존재의 연속성의 원리에 따라 충분히 좋은 엄마의 기능은 태아가 경험한 자궁의 안전감과 유아의 생리적 모독을 잘 유지해주고, 유아가 대상과의 융합에서 분리를 감당해 낼 때 점진적인 실패를 제공함으로 참자기(true self)를 발달시킬 수 있다. 그러나 이러한 발달과정에서 급작스러운 돌봄의 실패나 환경의 변화로 유아는 산산이 조각나는 자아 파편화의 경험을 하게 된다. 이때 살아남기 위하여 유아는 환경에 순응하고 맞춘다. 후에 말 잘 듣고 지능이 좋은 아이로 성장할 수 있는데, 위니캇은 이를 거짓자기(false self) 방어라고 했고, 이것은 또 다른 분열성의 특징을 가진다고 했다.

것을 방어하는 정도로 평가절하 하는 경향성을 가진다. 여기에 대하여 그린버그와 미첼(Jay R. Greenberg & Stephen. Mitchell)은 "그의 이론 안에서 좋은 내적 대상은 나쁜 내적 대상을 방어하는 기능만을 가진다. 프리드리만(L. Friedman)이 말했듯이 그는 애착이라는 뼈에 붙어 있는 단 한 조각의 고기도 남겨 놓지 않았다."[98]라고 함으로써 좋은 것의 내면화와 그 기능에 대하여 충분히 다루지 못했음을 지적한다. 반면 페어베언의 치료적 이론을 계승한 질·데이빗 샤르프(Jill Savege Scharff & David E. Scharff)는 "페어베언의 심성 모델은 전 발달단계에 걸쳐서 외부의 영향과 내적인 구조가 서로 조화를 이루는 모델"[99]로 본다. 즉 중심 자아가 가지는 대상관계 체계를 통해서 수정, 발달, 변형 등이 일어난다는 것이다. 페어베언 이론 자체로는 나쁜 대상으로 야기된 분열성이라는 단일성을 가지지만, 그의 이론이 치료 임상과 이후 발달과제를 수행하는 과정에서는 중심 자아의 기능이 매우 유효하게 적용될 수 있음을 제시하는 것이다.

다섯째, 도덕적 보상의 방어 과정을 설명하면서 좋은 대상에서 얻어지는 긍정적이고 도덕적인 죄책감은 다루지 않고 있다. 또한 죄책감은 반드시 나쁜 대상으로의 회귀를 촉발하는 것이 아니라, 대상을 이해하고 상호 의미 있는 의사소통을 할 수 있는 요소임을 간과하고 있다. 클라인의 우울적 자리에서 오는 대상 회복을 위한 죄책감을 상기해야 한다.

다른 정신분석가들이 그러하듯이 페어베언도 그의 치료실에서 주

---

98) Jay R. Greenberg & Stephen A, op. cit., p.180.
99) Jill Savege. Scharff & David E. Scharff, op. cit., p.68.

로 환자들을 면담하면서 그의 이론을 세웠다. 치료된 이후에 리비도가 어떻게 작용되고 심리구조가 어떻게 변형되는지에 대하여는 깊이 있게 다루지 않는 단점을 가진다. 또한 그가 프로이트와 프로이트의 본능 이론에 근거를 둔 멜라니 클라인의 이론을 부분적으로 배제하며, 대상관계정신분석의 토대를 세우면서 단일성의 문제점들을 가지게 되었다. 그 결과 그의 정신분석학이 다소 추상적으로 이론화되는 경향을 가지게 되었다. 그리고 충분한 임상적 근거를 확립하지 못한 한계를 가진다. 그러나 이후 건트립, 하인즈 코헛, 오토 컨버그, 서덜랜드, 데이빗 & 질 샤르프 등에 의하여 계승 및 발전됨으로 대상관계정신분석학의 선구자로 인정받고 있다.

Ⅳ. 이용도의 생애와 십자가 신비주의의 형성

이용도의 생애와 십자가 신비주의의 형성

기독교 신비주의의 전통은 구약으로까지 거슬러 올라간다. 그러나 신비주의가 신학화되는 시기는 중세로 본다. 중세 신비주의 신학은 새로운 것을 체계화시켰다기보다는 성서와 교회 역사에서 전해져 내려오는 이전의 체험과 자료들을 이론화 및 수련의 도구화한 것이다.

보나벤추라(Bonaventura, 1221~1274)는 『삼중의 길』이란 저서에서 초대교회의 신비주의자 위 디오니시우스(Pseudo – Dionysius, ? – ?)의 개념을 받아들여 영성 생활의 여정을 정화, 조명, 일치로 나누었다.[100] 정화는 인간의 욕정과 악습을 억제하고 죄를 회개하는 부정의 길이다. 조명은 적극적으로 하나님과 피조세계 안에서 새로운 것을 추구하는 긍정의 길이다. 일치는 삼위 하나님과 사랑 안에서 일치를 이루는 수동적이고 신비적인 길이다. 이것들은 상호 분리된 발달 단계가 아니라 일생을 통해서 반복적으로 나타난다. 다만 진보과정에서 한 개인은 각 시기마다 어떤 한 부분이 우세하게 혹은

---

100) Jordan Aumann, *Christian spirituality catholic tradition*, 이홍근. 이영희 역. 『가톨릭 전통과 그리스도교 영성』(서울: 분도출판사, 1991), p.205.

열세하게 나타날 뿐이다.

『삼중의 길』은 기독교 신비주의자들에게도 그대로 받아들여진다. 중세 신비주의의 신학자인 십자가의 성 요한이나 아빌라의 테레사도 위 개념 위에 자신의 신비주의를 설명한다. 신비주의는 '하나님의 신적 활동이 주체가 된 수동적 체험을 낳고 초자연적 양식에 작용하는 성령의 은사'[101]라고 할 수 있다. 따라서 신비주의의 여정은 일반인의 이해를 넘어선 영역에 존재한다. 십자가 신비주의라 함은 그리스도의 많은 사역 중 십자가 고난에 초점이 맞추어져 있는 형태라고 할 수 있다. 십자가 신비주의자로 일컬어지는 십자가의 성 요한(1542~1591, St. John of the Cross)은 갈멜의 산길과 어둔 밤의 상징에서 죄의 회개와 고난을 추구하고 피조세계의 헛됨을 부각시킨다. 영육 이원론의 입장을 취하는 것처럼 보인다. 그런 의미에서 십자가 신비주의자이다. 그러나 고난 추구는 자체가 목적이 아니라 목적으로 가는 유일한 길로 제시한다. 그의 시인 "영혼의 노래"와 "사랑의 산불꽃", 그리고 그 해설서는 고난과 죄의 회개를 통해서 하나님과 일치된 사랑과 기쁨을 신비적 은유로 노래하고 있다. 십자가의 성 요한의 고난 추구는 예수의 고난을 자신과 동일시하는 것이 아니라 묵상과 관상의 대상으로 본다. 그리고 신비주의자로서의 길은 오르기만 하는 것이 아니고 오르고 내림의 반복임을 받아들인다. 신비주의의 정점에는 서로 다른 두 개념의 통합이 있다는 것을 의미한다.

교회 안에서 받아들여진 십자가 신비주의와 비교해서 이용도의

---

101) Jordan Aumann, *Spiritual theology.* 이홍근 역. 『영성신학』(서울: 분도출판사, 1987), p.143.

십자가 신비주의는 다음과 같은 다른 점이 있음을 밝힌다. 첫째, 그는 역사를 뛰어넘어 예수의 고난에 문자적으로 참여하려는 입장을 가진다. 둘째, 그는 십자가 고난 이외의 개념이나 대상 - 부활, 영광, 승천, 구속, 권위자, 현실교회, 교회 지도자 등 - 에 대해서는 정서적으로 거리감을 두거나 분노를 표출한다. 셋째, 그는 사랑의 신비주의로 넘어오는 과정에서 예수의 이상적인 사랑에 주인공으로 참여하기를 원했고, 그 반대의 것은 지나치게 비하하였다. 요약하면, 이용도 신비주의의 특징은 좋으면 좋은 것의 극단을 추구하고 그 반대의 것에 대해서는 극단적으로 냉소적이었다는 점이다.

1. 이용도의 생애

1) 생 애

이용도의 자서전으로는 변종호[102]와 피터스[103] 것이 있다. 변종호는 1931년 이용도의 재령 집회에서 회심하여, 이후 이용도의 신

---

102) 변종호 편저, 『이용도 목사 전』(서울: 장안 문화사,1993), pp.18 - 19. 이하 『전기』라고 표기함.

103) Victor Wellington Peters, "Simeon, a christian Korean mystic", 박종수 역, "시무언(是無言), 한국 기독교 신비주의자", 이용도 사상과 신앙 연구회 편, 『이용도 목사의 영성과 예수 운동』(서울: 성서연구사, 1988), pp.17 - 22.
피터스는 1935년에 대한기독교서회에서 발간된 『한국 기독교 문학회』라는 잡지에 12회에 걸쳐 연재했다. 변종호와 더불어 피터스도 이용도와 동시대 인물이며 절친한 친구로서, 외국인의 관점에서 본 이용도의 삶과 신앙을 알 수 있는 자료로 평가될 수 있다.

앙지도를 받으며 형제의 친분을 맺었다. 이용도 사후 그의 신앙을 바로 알리고 이단 시비를 근절하기 위해서 많은 노력을 해 온 것으로 알려졌다. 그가 쓴 이용도 관련 자료는 이용도로부터 직접 들은 이야기, 주고받은 서간, 이용도의 일기와 저작물, 주변의 이야기 등을 망라함으로써 한국교회사 인물 중 그 누구 못지않은 풍성한 자료를 남겼다.

그러나 변종호는 심리학적으로 이용도와 동일시하고 이상화한 인물로서 그의 글은 다소 주관적인 관점을 가진다. 이 점이 변종호가 이용도의 전기를 재구성할 때 객관적 사실을 보는 시각에 있어서 문제점이 될 수 있지만, 심리학적으로는 투사와 내사의 기제를 사용하여 정서적 측면에서는 그 누구보다도 이용도를 잘 이해한 인물로 볼 수 있다. 반면 미국인 선교사 피터스는 변종호만큼 세부적인 생애 진술은 없지만, 이용도 신비주의의가 한국교회에 끼친 공헌과 더불어 문제점을 비교적 객관적인 입장에서 서술하려는 입장을 취한다. 두 자서전을 중심으로, 이용도를 심리학적으로 연구함에 있어서 중요한 전거가 될 만한 생애부분을 요약하면 다음과 같다.

이용도는 1901년 4월 6일 황해도 금천군 서천면 시변리에서 아버지 이덕흥과 어머니 양마리아 사이에서 4남 1녀 중 3남으로 태어났다. 그의 아버지는 소거간꾼(동사무소의 허락을 받아 소 매매를 중개하는 사람)으로서 집을 자주 비웠고, 대주가(酒家)이고 주벽이 있었고, 아내와 자식을 박해했고, 심한 경우는 칼로 위협하기도 했다. 어머니는 독실한 신앙을 가진 시변리 교회 전도부인으로 남편의 핍박으로 양잿물을 수차례 치켜든 적도 있다. 이런 고통 속에서 살던 어머니는 신앙에 더욱 깊이 몰입했고, 자녀를 위한 눈물의 기도를 자주 드렸다고 한다. 어머니 신앙의 영향을 받은 이용도는 십 대 초반부터 기도에 몰입한 것으로 알려졌다. 1916년 1월 15일에 환상 중에 승마(勝魔)체험을 했고, 그의 일기에 1916년 10월 중생했다고 하는데 그 내용과 의미가 무엇인지는 알려져 있지 않았다.

1915년 개성의 송도 한영서원(송도고등보통학교 전신)에 입학했다. 4년의 학제를 9년에 걸쳐 수학했을 만큼 경제적인 궁핍, 정서적인 불안정, 일제의 압제 등으로 고통스러워했다. 내면적인 고뇌와는 달리 조국의 독립을 위해서 투쟁가적인 면모가 드러나기도 했다. 1919년 3월 1일 독립만세를 부르다 현장에서 체포되어 2개월간 유치장 생활, 1920년 2월 11일 기원절 사건으로 6개월간 개성 소년 형무소에 수감, 1921년 성탄절에 불온 문서 사건으로 6개월간 형무소에 수감, 1922년 가을에 태평양회의 사건에 관련되어 재판받아 서대문 형무소에 2년 수감으로, 5년에 걸쳐 3년 2개월 이상을 투옥됨으로 독립운동가로서의 면모를 보여 주었다.

송도고등보통학교장인 왓슨(Wasson)의 권유로 1924년 협성신학교(감리교신학대학교 전신) 영문과에 입학했다. 신학교 초기에는 항일 투쟁 과정에서 드러난 공격적 성향이 그대로 이어졌다. 그의 별칭이 이론가, 논쟁가, 말썽꾼, 경우꾼, 싸움패, 과격파로 불릴 정도로 예리한 이성의 소유자처럼 보였다. 한편 동화와 동요를 창작하는 등 교회학교 어린이를 위한 교육에 재능을 보여 주기도 했다. 자살을 하기 위해 몇 번이나 한강변으로 나갈 정도로 우울한 정서를 가지고 있었다. 삼이형제로 알려진 이호빈과 이환신을 만나면서 논쟁하고 마음을 달래며 정서적 친밀감을 나누며 신학교 생활에 다소간 활력을 찾았다.

　1925년 겨울, 폐병 3기로 정양을 하라는 의사의 권유에 따라 이환신의 고향인 강동으로 가나, 거기서 뜻하지 않은 부흥회를 인도하게 된다. 이곳에서 이용도 삶의 전환점인 '강동체험'을 하게 되는데, 체험의 특징은 찬송을 불러도 설교를 해도 청중과 함께 눈물바다를 이루는 것이었다. 눈물의 체험은 1927년 12월 신학교에서 이용도 원작, 주연으로 공연된 "십자가를 지는 이들"에서도 또다시 눈물의 바다를 만든다.

　1928년 1월 28일 협성신학교를 졸업하고 강원도 통천으로 파송을 받았다. 목회 초기는 민족주의에서 사회주의로 바뀌는 시대적 사조로 고민하다가 기도의 동역자 박재봉을 만나 기도에 전념하게 된다. 그해 12월 기도 중에 또다시 승마체험을 통한 일련의 영적 변화를 통하여 스스로 방황을 끝내고 길을 찾았다고 고백한다. 그 길이란 십자가의 길을 따르는 신앙이다. 이후 전국적인 부흥사로 활동하게 된다. 그가 인도하는 부흥회마다 교회가 부흥하고 회개운동이 일어난다. 그러나 지나치게 감성에 의지하고, 회개와 십자가 고난을 강조함으로써 청중들을 열광으로 몰아가는 부흥회 방식에 저항하는 집단이 생겨나고 문제점들이 노출된다.

　수습을 위해서 감리교단은 1930년 10월 16일 이용도를 전국주일학교 연합회 간사로 발령한다. 하지만 부흥회식의 강습회와 교파를 초월한 열광적 부흥회의 속개, 절제되지 않는 눈물과 기존교회와 교회 지도자들에 대한 직설적인 공격의 설교, 부흥회 후에 교회에 남긴 영적 무질서는 또다시 저지를 받게 된다. 1931년 5월 감리교 경성지방 순례 목사로 파송, 1931년 8월 12일 장로교 황해 노회의 이용도 매장 결의가 그것이다. 이 당시 이용도는 오직 주님의 음성에 따라 행한다는 자세를 취하며, 가장 왕성하게 부흥사로 활동한다.

1932년 2월 이용도가 이단 시비에 연루되는 치명적인 사건이 일어났다. 그것은 원산에서 기도 생활에 전념하던 소위 '원산 신령파'와 어떤 교류를 하게 되고, 자칭 입신녀인 유명화에게 "오 주여"라고 무릎을 꿇었다는 설, 평양에서 예언을 하는 원산 신령파 한준명을 옹호하는 듯한 발언으로 그를 정죄하려는 집단으로부터 결정적인 빌미를 제공하게 된다. 이용도는 그들의 견해가 옳아서 그런 것이 아니라 소외당하는 자에 대한 무차별 사랑의 동기라고 하지만, 교회는 그에게 가혹한 조치를 취한다. 감리교 중부연회에서 목사직 휴직 처분과 감리교 목사 사임 청원과 수리, 장로교 22회 총회에서 이용도 이단 정죄가 결정되었다. 그러는 와중에도 그는 무차별 사랑을 선언하다가 1933년 10월 2일 원산에서 33세로 서거한다.

2) 이용도 생애에 대한 심리학적 관점

전술한 바와 같이 오규훈은 이용도의 신비주의를 프로이트의 삼각관계 갈등이나 보올비의 애착 관계 이론으로 볼 수 있음을 시사했다. 이것은 이용도 신비주의의 심리학적 이해는 초기 경험에 근거를 둔 퇴행의 산물임을 말해 주고 있다. 반면 이용도의 꿈과 환상을 면밀히 분석한 장덕환의 융 심리학적 연구는 고난당하는 그리스도를 이용도의 자기 원형 표상으로 보고 있다. 투쟁적 페르소나를 인격 안으로 통합하고 집단 무의식을 의식화하면서 자기 원형으로서 예수와 동일시하게 잘 보여 주고 있다고 한다. 즉 발달로 보고 있다.

이용도의 십자가 신비주의는 그의 초기 대상관계 경험을 떼어 놓고는 설명할 수 없다. 대극적인 성격을 가지고 있는 부모 사이에서 어린 이용도가 감당해야 할 심리학적 과제가 있었을 것이다. 그 과제를 성취하는 방식과 미해결된 과제를 다루는 방식이 이용도의 종교적 욕구의 특징을 이루고 있는바, 퇴행과 통합이라는 두 가지 측면을 모두 포함하고 있다. 페어베언의 대상관계 이론에 따라 불가피한 분열과 그 분열을 극복해 내려는 이용도의 심리적 역동을 살펴보면, 이용도 방식의 십자가 신비주의가 치료의 과정에서 나타나는 퇴행이라면 사랑의 신비주의로의 전환은 통합의 과정으로 나타나고 있다. 따라서 이용도의 십자가 표상은 만족스러운 대상이 아니라 좋은 대상으로 수용되고 변형되어야 할 나쁜 내적 대상의 파생물이다. 반면 그리스도의 사랑은 어머니의 좋은 측면이 전이된 것으로, 이를 분석심리학으로 본다면 집단 무의식의 자기원형이라 할 수 있다. 혹시 이용도의 십자가가 자기 원형이라 할지라도 추구하는 방식은 정신분석에서의 분열성 개념과 유비되는 분석심리학의 자아 팽창의 개념으로 보아야 옳다고 본다. 이러한 이유로 인해 본 연구는 이용도의 십자가를 집단 무의식의 자기원형으로 보는 위 융의 분석심리학적 접근과는 극명한 대조를 이루고 있음을 밝힌다.

페어베언은 종교를 대하는 정신분석의 입장은 개인의 무의식 안에 존재하는 종교적 욕구의 근원을 찾아야 한다고 했다. 그 방법으로 다음 두 가지가 중요하게 다루어져야 한다고 제시한다. 첫째, 초기 아동이 부모와 가졌던 대상관계의 방식과 욕구가 초월자에게 어떻게 전치되는가? 둘째, 미해결된 오이디푸스 콤플렉스의 욕구가 신앙의 대상에 어떤 형태로 영향을 미쳐 죄책감과 공격성의 형태로 표현되고 있는가?[104]

페어베언은 종교적 욕구에 대한 심리학적 연구는 오이디푸스와 초기 대상관계를 분석해야 한다는 것이다. 이러한 정신분석적 연구는 결정론이라기보다는 후기 대상관계 경험을 통하여 수정되고 변화된다. 심리학적으로 이용도의 생애를 특징짓는 중요한 전환점은 다음과 같다.

첫째, 십자가 신비주의의 신앙형태가 결정되는 생애 초기부터 유년기까지이다. 대상관계 이론에서는 엄마의 주 표상이 내면화되는 3세까지를, 프로이트는 삼각관계 갈등을 처리하는 5세 전후를 발달과정의 중요한 지점으로 보았다. 종교에 대한 대상관계 이론의 관점도 이 기간의 대상표상이 곧 하나님 표상이 된다고 한다. 이 시기에 대한 이용도의 자료는 매우 빈약하지만, 이후 경험들을 분석함으로써 이용도의 초기 대상 표상을 탐구할 수 있다. 연구자는 이 시기를 '십자가 신비주의의 형성' 이라고 한다.

둘째, 잠재기라 일컫는 아동기를 지나 생애 초기 경험의 강렬함이 재투사되는 사춘기부터 강동체험을 거쳐 목회 초기 승마체험까지를 구분할 수 있다. 독립운동가로서의 특징을 지닌 이 시기의 심리적 특징은 나쁜 대상에 대한 공격이다. 그러나 그것은 이용도의 진면목이 아니다. 무의식 안에 있는 우울한 정서를 보호하는 방어기제이다. 연구자는 이것을 '십자가 신비주의의 내면화'라고 한다.

셋째, 목회 초기 승마체험 이후 전국적 부흥사로 활동하기 시작하면서 이단 시비에 말려들기 이전까지를 구분할 수 있다. 이 시기에

---

104) W. Ronald D. Fairbairn, "Note on the religious phantasies of a female patient (1927)", *Psychoanalytic studies of the personality*(London: International Universities Press, 1992), pp.188－189.

는 고난당하는 예수와 자신을 동일시한다. 그리고 그 고난과 아픔과 눈물을 청중들에게 투사적 동일시함으로 열광적, 감정적, 통곡의 바다를 만든다. 연구자는 이것을 '십자가 신비주의의 외면화'라고 한다. 무의식에 억압된 핵심 감성이 표출되는 시기로서 발달로 가는 중요한 전환점이 된다.

넷째, 무차별 사랑을 선언하면서 이단 시비에 말려드는 시기부터 서거까지를 구분할 수 있다. 이 기간에는 나쁜 내적 대상에 대한 리비도 집중이 감소하고 중심 자아의 리비도는 좋은 대상인 그리스도의 이상적인 사랑으로 모아지고 있다. 그리고 확대된 중심 자아의 기능은 현실과 관계를 맺음으로 발달로 향한다. 연구자는 이 시기를 '십자가 신비주의에서 사랑의 신비주의로 전환'라고 정의한다. 이것은 이용도 신비주의가 과정상 미완이었음을 말한다.

후술할 내용은 페어베언이 종교를 정신분석 하는 관점에 따라 이용도의 십자가 신비주의를 형성하게 된 초기 대상관계와 오이디푸스 콤플렉스에 대한 분석이다.

2. 십자가 신비주의의 형성

1) 초기 대상관계와 오이디푸스 콤플렉스

프로이트는 오이디푸스 콤플렉스를 남근기인 3∼5세 사이에서 일

어나는 갈등으로 성격과 신경증 발생의 중요한 시기로 보았다. 대
상관계 이론가들은 그 시기를 3세 이전으로 돌리지만, 그것이 아동
의 성격 구조와 정신 병리에 중요한 영향을 미친다는 점에 있어서
는 프로이트와 동일한 의견을 가지고 있다.

이 시기에 들어선 아동은 어머니와 성적, 혹은 융합된 대상관계
에서 3자 관계로 넓혀나간다. 즉 아버지의 원리를 받아들이면서 어
머니와의 융합에서 벗어나야 한다는 심리적 압력을 받게 된다. 어
머니와 결합된 상태를 계속적으로 유지하고 싶은 사랑의 감정, 그
리고 무한한 사랑을 제공해 줄 것 같은 어머니의 실패에 대한 실
망, 아버지에 대한 분노와 동일시를 통한 사랑 등으로 양가감정을
경험하게 된다. 이것은 실재의 경험과 유아가 가지는 환상을 포함
하는 것으로 필연적인 발달과정의 일부이다.

오이디푸스 콤플렉스는 과거의 한 사건으로 종결되는 것이 아니
라 그 잔재는 일생 동안 무의식에 남아 심리적 집중(cathexes) 현상
을 일으킨다. 오이디푸스의 성공적인 해결을 위해서는 일차적으로
아동과 어머니와의 만족스러운 애정관계가 있어야 한다. 그리고 제
3의 대상인 아버지의 발견과 그로 인한 분노, 억압된 감정을 다스
리기 위한 아버지와의 동일시를 거쳐야 한다. 실패를 하면 특정대
상에 대한 의존적인 리비도의 집중, 아버지를 상징하는 권위자에
대한 거부감, 현실의 대상을 사랑의 대상과 분노의 대상으로 분리
하는 갈등에 빠진다.

이용도의 오이디푸스 콤플렉스를 분석함에 있어서 먼저는 어릴
적 경험을 살펴보아야 한다. 그러나 어릴 적 자료가 충분치 않다고
하더라도 이후의 리비도 집중의 형태를 분석함으로써 오이디푸스

갈등의 잔재가 어떻게 남아 있는지 탐색할 수 있다.

이용도의 부모는 극명하게 대립되는 성격 구조를 가지고 있었다. 어린 이용도에게 아버지는 가학적인 이미지로, 어머니는 피학적인 이미지로 비추어졌을 것이다. 변종호는 "어려서 잔병을 많이 앓고 (특히 학질을 언제나 앓았고) 신경이 과민한 편이었고 울기 잘하는 점 등은 보통 이하의 변변치 않은 아이였다. 그래서 부형들은 초저녁에 죽을 아이라고 보았다고 한다."105)라고 이용도의 초기 정서적인 상태를 진술한다. 피터스에 의하면 "십 대 이전에 죽은 용웅(Hero)을 제외한 나머지 자녀들은 어머니의 신앙교육과 아버지의 협박을 받으면서 성장하였다."106)라고 함으로써 부모의 양 극단적인 방식이 자녀의 정서에 어떠한 영향을 미쳤는지 짐작하게 한다. 일반적으로 대상관계 이론의 정서발달 이론에 의하면 어머니가 신체적, 정서적으로 안아 주는 것을 통하여 자아의 지원이 이루어진다고 한다. 즉 유아의 정서 상태는 그의 융합된 대상인 어머니와 동일시된다.107) 정서적으로 불안한 어머니가 돌보는 아동은 정신과 신체의 통합이 이루어지지 않아 자주 아프거나 예민하고 많이 우는 아이가 된다. 이용도의 초기 정서적 상태를 미루어 보아 그는 어머니와 불안정한 대상관계에 있었음을 알 수 있다.

프로이트는 오이디푸스 갈등을 해결하고 못 하고를 남근기의 외상(turma) 정도로 보았으나, 대상관계의 공헌은 오히려 남근기 이전

---

105) 『전기』, p.18.

106) Victor Wellington Peters, op. cit., p.21.

107) Madeleine Davis and David Wallbridge, *Boundary and space: An introduction to the work of D. W. Winnicott*, 이재훈 역, 『울타리와 공간』(서울: 한국심리치료연구소, 1997), pp.124-128.

에 최적의 환경 경험을 했으면 오이디푸스를 잘 극복해 내고, 환경의 실패는 오이디푸스 실패를 동반한다고 보았다. 따라서 오이디푸스 극복의 일차적 과제는 어머니와 안정적인 애착관계, 혹은 융합의 경험이 있어야 한다. 이용도에게 있어서 초기 어머니와 애착관계 방식을 유추할 수 있는 근거들이 그의 글에서 발견된다.

> 나는 주와 같이 있지 못한 증거가 드러났다. 나는 어찌하여 그리 무서워하며 놀랐던고 마치 어린 아이가 으악 하고 놀라 어머니께 달려들 듯이 나는 꼭 그와 같은 상태를 이루었도다. …… 나는, 젖먹는 아이, 이제 겨우 앉고 또 겨우 기는 아이라. 두발로 달음질쳐 주님 앞으로 달려갈 수가 없었습니다. 왼 다리는 엉덩이 밑에 깔고 바른 다리는 일으켜 세우고 그리고는 주춤주춤하면서 주님 앞으로 향해 가는 것이었습니다. 원수의 몸은 거의 나를 잡을듯하였고 나의 마음은 거의 기절할 뻔하였고, 바로 그 때에 주님께서는 손을 내밀어 얼른 나를 붙드사 잡아당기었습니다. …… 나는 산과 들 험한 골짜기를 어머니와 같이 걷는 기쁨을 생각하였습니다. 물론 가다가 다리 아프고 괴로우면 어머니가 나를 버리고 그냥 혼자 가시지 않을 줄도 잘 알았습니다. 그래서 나는 더욱 떨어지지 않으려고 떼를 쓰는 것이었습니다. "그럼 네가 걸어가야 한다."고 나를 내세우면서 당신은 앞장을 서십니다. 나는 뒤에서 몇 걸음 따라갔습니다. 그러나 나는 외로움과 쓸쓸함을 느끼었습니다. 그것은 어머니가 나를 보살펴주지 않기 때문입니다. …… 피곤한 나는 언젠지 어머니 품에 잠이 들어 편히 쉬는 것이었습니다. …… 나의 장성한 때는 어떻게 지내는 것이었는가. 오 주여, 나는 다만 어린 아이올습니다. 주님이 없이는 못살 아이올시다. 나를 버리지 말아주세요.[108]

일반적으로 일기에 가장 진솔한 감정이 표현되는 바, 위의 글은 이용도의 생애 초기 대상관계의 질이 투사된 것으로 볼 수 있다. '으악 하고 놀라는 아이', '젖 먹는 아이', '원수의 몸이 나를 잡을

---

108) 『일기』, 1931. 1. 24, pp.110 - 113.

102

듯', '기절할 뻔하였고', '나의 외로움과 쓸쓸함', '어머니가 나를 보살펴 주지 않음' 등은 초기 돌봄의 방식에 있어서 불만족스러운 어머니를 통해 형성한 자기 / 대상 표상들이다. 심각한 좌절을 경험할 즈음에 어머니, 그리고 그 어머니와 동일시를 이루고 있는 신앙의 대상인 주님이 등장한다. 마술처럼 자신의 불안을 제거해 주는 어머니와 주님은 이상화된 대상이다. 즉 불안에 대한 방어로 이상화 대상을 설정하고 있는 것이다.

주님은 신앙의 대상이지만, 그 대상이 자기를 버릴 것 같은 불안은 어머니와의 초기 관계 형태를 반영한다. 어머니와 동일시를 이룬 주님은 아버지로부터 박해를 당한 어머니로서 "오- 주여, 지금까지 제가 경험한 주님은 너무나 천한 주님이시었나이다. 너무나 무력한 주님이었고 너무나 비근한 주님"[109]일 수밖에 없고, 그 사랑은 내면화됨으로 현실에서는 유기불안을 유발한다.

어머니와 리비도적 애착에서 분리하지 못하고, 가학적이고 집을 자주 비우는 아버지와 동일시를 못하면서 아버지를 상징하는 이미지는 마귀, 교회 제도, 영광과 명예 등이 된다. 그리고 이러한 것들은 거절과 분노의 대상이 될 수밖에 없다.

> 마귀는 육욕이 인격화 한 것입니다. …… 우리 속에 있는 마귀를 멸하여 주옵소서. 그리고 순전히 그리스도의 보좌만 되게 만들어 주옵소서.[110]

이러한 고백은 신앙인들에게 일반적인 기도이나 이용도에게 있어서는 영과 육이, 그리스도와 마귀가 팽팽하게 긴장하고 대립한다.

---

109) 『일기』, 1931. 5. 7, p.134.
110) 『일기』, 1931. 1. 25, p.116.

이용도를 궁지에 몰아넣는 현실의 교회에 대한 그의 감정은 어
머니와 형제들의 신앙생활에 박해를 가한 아버지의 두렵고 증오스
러운 내용이 지배적이다.

강대국 구라파와 약소국 아세아, 그리고 이용도는 오이디푸스 삼
각관계의 갈등을 형성한다.

이용도의 열광적 신비적 부흥회에 대한 청중의 태도는 호의적인
그룹과 적대적인 그룹으로 나누어지는데, 이것도 이용도 자신의 오
이디푸스 갈등의 파생물로 이해할 수 있다. 1930년 10월 16일 감
리교단 본부는 이용도식 부흥회를 절제시키기 위해서 그를 주일학
교 연합회 간사로 내정한다. 그러나 계속되는 부흥회식 교사 강습
회로 회중은 둘로 나누어지며 시비가 일어난다. 결국 교단에서는
이용도를 미국 유학시키기로 결정한다. 한국에서 자신의 길을 펼
수 없을 때 미국은 차선책으로나마 새로운 시험무대가 될 수 있는
곳으로 그는 내심 유학을 원했던 것으로 알려졌다. "주여 나를 미
국에 보내시옵소서. 그 돈밖에 모르고 물질밖에 모르는 미국 사람

---

111) 『서간』, 1932년 말, 주선행 씨에게, p.184.
112) 『일기』, 1929. 12. 21, p.67.

들을 깨우쳐 주고 부흥시키려 하오니……"[113]라고 일기에 기록하고 있는데, 이것도 거대한 미국을 경쟁자로 생각하는 오이디푸스 갈등의 산물이다.

1931년 1월 영동강습회 중 만난 한 고아 소년 최억성, 그의 부모는 싸움을 하고 어머니는 양잿물을 먹고 자살하고 아버지는 미쳐서 집을 나갔다.[114] 소년의 이야기는 주일학교 연합회 간사로 내몰린 이용도의 무의식 안에서 어린 시절을 연상시키기에 충분했고, 이용도는 최억성에 대하여 지나친 동정으로 감성적 몰두를 한다.

> 오-주여 나는 참 목자 노릇 하기 어렵사옵니다. 내가 이 어린 것을 어이 하오리까. 주여 나를 도우사 이 어린 것을 도울 수 있게 하옵소서. 저의 얼굴에 微小가 나타나고 그의 입은 평화스러운 말을 하는 것을 볼 때 나의 마음은 기쁨이 가득 하였도다. 저의 울음은 나의 울음이었고 저의 웃음은 나의 웃음이었다. 오-네가 울어 내가 울었고 네가 웃어 내가 웃었으니 이 어인 因緣인고?[115]

> 예수 믿는 사람이 도처에 많거니와 너를 긍휼히 여길 신자(信者)는 없었구나!! 예수 믿는 것이 무엇인지도 알지 못하고 다만 자기의 욕심만 위하여 믿는 체하는 현대교인아! 너에게 화가 있을지어다.[116]

최억성과 동일시된 이용도의 어린 시절, 양잿물을 수차례 치켜든 이용도의 어머니와 동일시된 최억성의 어머니, 두 모자 관계에 대하여 적대적인 아버지를 상징하는 현대교회는 오이디푸스 삼각관계의 갈등에 있다. 어머니와 불안정한 애착관계로 인해, 어머니로

---

113) 『전기』, p.58.
114) 『전기』, pp.58-63, 참조.
115) 『전기』, p.61.
116) Ibid., p.60.

부터 분리를 해내지 못하는 이용도에게 있어서 아버지와 동일시되는 현대 교회는 분노의 대상이 된다. 그리고 그 대상으로부터 내몰린 어머니와 이용도는 피학적인 존재가 된다.

1930년 선천읍 집회 꿈 내용은 이용도의 오이디푸스 갈등을 더욱 명료하게 보여 주고 있다.

<blockquote>
큰 뱀, 부친을 감았던 대사가 달아나는 것을 몇 친구가 추격하더니 논귀 어떤 웅덩이 속으로 들어가는지라 돌로 치나 물이 깊어 잘 맞지 않더니 흙으로 메우매 그 중동이 노출한지라 누군가 칼로 그 중동을 갈기니 끔적 못하고 신음하며 죽어가는 것을 보다 – 꿈!, 큰 마귀의 세력이 하나 꺼꾸러진 것으로 해석하다.[117]
</blockquote>

프로이트는 꿈을 소망성취로 이해했고 꿈 작업의 메커니즘으로 압축(condensation), 전치(displacement), 연극화(dramatization), 상징화(symbolization), 이차적 가공(secondary elaboration)을 든다. 그리고 꿈 작업을 위한 재료로서 낮의 잔재와 유아기의 소망을 들었다.[118]

첫째, 낮의 잔재를 살펴보자. 이용도는 집회를 위해서 선천에 도착하였으나 교회에서 그를 마중 나온 사람은 이용도의 남루한 옷차림으로 인하여 이용도임을 알아보지 못하고 말쑥한 양복 차림의 구두 신고 가방 든 사람을 이용도로 착각한다. 이에 대한 이용도의 일기를 보면 단순히 불쾌한 정도가 아니라 적대적 감정으로까지 비약함을 볼 수 있다. "저희는 외모로 사람을 취하는 도다. 하나님은 속을 보시는 하나님인 줄을 아직 깨닫지 못하였도다.[119] 선천!

---

117) 『일기』, 1931. 8. 21, p.147.

118) Sigmund Freud, *Traumdeutung*, 김인순 역, 『꿈의 해석』(서울: 열린책들, 2003), pp.335 – 401.

그 이름은 이미 높은 바 있었다마는 그 실은 어떤고. …… 아-굳고 교만한 선천이여 목사로부터 평신도까지 다-생명이 죽지 않았던가. 내 마음 심히 괴롭구나. 선천의 사람들아 너희가 나의 피와 살을 음식할 만하도다."[120] 당시 선천[121]은 교세의 부흥뿐만 아니라 민족 사회 계몽 운동의 중심지이기도 했다. 집회 중 그의 일기에 나타난 선천에 대한 감정을 살펴보자.

<blockquote>
기독교 사업자의 무생명. 교육학이나 심리학을 몰라서 그리스도의 사업에 실패한 것이 아니다. 신앙의 생명이 없는 연고라. 시간이 다 되기까지 몇 명이 안모였다. 8시 반 개회에 25분이 지났는데도 아무 사람도 없었다. …… 밤집회-야고보 4장 6, 마 12장 7, 마 9장 13, 교만한 세대에 너희는 선지자를 버리었도다.[122]
</blockquote>

교세, 교육, 민족 운동 등이 활발히 일어난 선천은 고난을 동경하는 이용도의 신앙에 비추어 보면 사치스러운 곳이다. 그가 인도하는 부흥회 참석도 부진하다. '굳고 교만한 곳, 이름 높아 자랑이 가득한 곳'[123], 선천은 꿈속에서 부친을 감았던 대사로 응축된다. 부친과 대사는 동일시된 면으로 성기적 상징을 가진다. 몇 친구가 추격하고 돌로 치고 흙으로 메우고 누군지 칼로 중동을 자르는 일

---

119) 『일기』. 1931. 8. 20, p.145.

120) 『일기』. 1931. 8. 20, p.146.

121) 그 당시 선천교회라 함은 선천지방 장로교회에 대한 총칭으로서 1930년 신도 수가 급증하면서 교회 분립과 많은 지교회가 설립되었다. 1906년 선천 신성학교, 1907년 보성 여학교가 설립되었다. 1919년에는 선천 기독교 청년회(YMCA)가 만들어져 사회 계몽운동을 펼쳤다. 1911년 '105인 사건'은 신성학교가 발상지였고, 1919년 3·1운동과 1937년 수양동지회사건 때에도 기독교인들이 적극 동참하는 민족운동이 활발히 일어난 곳이다.

122) 『일기』. 1931. 8. 21. pp.146-147.

123) 『일기』. 1931. 8. 22. p.147.

련의 행위들은 선천을 성서와 설교의 언어로 비판하고 공격하는 이용도 분노 행위의 전치이다. 신음하고 죽어 가는 대사는 선천을 살해하고픈 소원 성취이다. 꿈에서 깨어난 후 이용도가 자신의 꿈을 마귀 세력 하나의 패배로 본 것은 이러한 해석을 입증해 준다. 무의식 안에서 목이 곧은 선천은 마귀가 되기 때문이다.

둘째, 이것은 유년기의 오이디푸스 콤플렉스가 상징화된 꿈이다. 적대적인 선천은 이용도의 무의식 안에서 아버지이다. 프로이트에 의하면 뱀은 아버지의 성기를 상징한다. 꿈에서 그 대사가 아버지를 감고 있었다면, 그 대사는 아버지의 힘을 상징하는 아버지의 성기임은 자명하다. 웅덩이는 여성의 성기를 상징하고, 대사가 웅덩이로 들어간다는 것은 어머니와의 성적 결합을 의미한다. 보통의 뱀이 아니라 대사라 함은, 이용도의 유년기에 아버지는 어머니와 성적 결합을 통하여 어머니를 공격한 것으로 심상화되어 있었음을 알 수 있다. 그 뱀을 공격하는 일련의 행위는 그러한 아버지에 대한 이용도의 무의식적인 분노이다. 또한 아버지로부터 공격당하고 있는 웅덩이인 어머니를 구출하는 일이다. 이용도의 부친 살해 분노가 누군가로 전치된 것은 꿈속에서 초자아가 작용하고 있음을 알 수 있다. 그 칼로 대사를 쓰러뜨리는 행위는 오이디푸스 승리의 소원 성취이다. 꿈에 깨어나서 큰 마귀 세력 하나의 패배로 보는 해석은 아버지의 공격으로부터 어머니를 구하고 싶어 하는 유년기의 소원과 연결 지을 수 있다.

오이디푸스 콤플렉스에서 보는 이용도의 신앙은 아버지를 상징하는 권위, 교회 제도, 신학, 부활의 영광, 명예, 부, 세상의 학문 등을 신앙의 일부로 통합해 내지 못하고 거부한다. 그리고 자아가 돌아갈 곳은 아버지로부터 공격당한 피학자 어머니에 대한 유아적 의존이다. 그리고 그 어머니는 아버지로부터 핍박당하는 자로서 고난당하는 그리스도로 동일시된다. 리주토(Ana – Maria Rizzuto)에 의하면 개인이 가지는 신형상에 최초로 중요한 영향을 미치는 대상은 어머니이다. 그 이후는 힘으로 상징되는 아버지와의 오이디푸스 삼각관계를 통해서 신형상은 수정된다.[124] 이용도에게 있어서 그리스도 형상은 초기 어머니 표상과 동일시를 이루는 고난당하는 그리스도가 될 수밖에 없다. 수정의 시기에 그는 아버지를 이상화와 동일시의 대상으로 보는 일에 실패했기 때문이다. 그에게 있어서 그리스도를 따르는 일은 곧 골고다로 향하는 것이다.

나는 홀로 주님을 따라갑니다.
나의 자랑의 머리도 깎아 버리고
치레의 옷도 벗어버리고!
그것은 세상의 자랑이요, 호사는 되되 주님께는 거리낌이 되니까요.

나는 굴 갓을 씁니다.
먹물 든 장삼을 입고 새끼 띠를 띱니다.
이제 갑니다.

홀로 향하여 가는 곳
남이 아는 듯 모르는 듯
다만 골고다로만
주의 뒤를 따라갑니다.[125]

자기 표상과 짝을 이루는 어머니 표상, 이 두 개의 표상이 수정

---

124) 반신환, 「신형상(Divine Image)에 대한 Rizzuto의 대상관계론적 이해와 그 비판」, 『종교연구』(한국종교학회, 1997), pp.221 – 222.
125) 『서간』, 1930 春, 박정수 씨에게, p.25.

되어 현실의 원리인 아버지를 받아들이기 전까지 이용도는 일방적
으로 그리스도의 고난만을 추구한다. 그렇게 함으로써 일제하에 고
난당하는 그의 청중들을 그리스도의 고난으로 초대하는 탁월한 능
력을 발휘할 수 있었다. 고난의 그리스도와 1차적 동일시는 일순간
종교적 카타르시스를 제공할 수는 있었지만 통합으로 가야 하는
과제를 가진다.

2) 흥분시키는 대상 - 어머니

페어베언에 의하면 아동은 어머니에게서 흥분시키는 대상과 거
절하는 대상 모두를 내면화하고, 그 후 아버지 경험을 통해서도 흥
분시키는 대상과 거절하는 대상을 조종하고 내면화한다고 한다. 그
러나 아버지는 젖가슴이 없는 부모로서 신체적 접촉보다는 정서적
측면이 우세하게 작용한다. 이후 오이디푸스 시기에는 양부모의 성
기적인 욕구가 포함되면서, 나쁜 모성적 성기와 나쁜 부성적 성기
를 각각 흥분시키는 대상과 거절하는 대상에 위치시킴으로써 구조
가 복잡해진다. 아동은 이러한 복잡성을 주로 한쪽의 부모에게는
흥분시키는 대상으로, 다른 쪽의 부모는 거절하는 대상으로 집중함
으로 단순화시켜 오이디푸스 상황을 구성한다.[126]
이용도에게 있어서 흥분시키는 대상은 부모 모두에게서 비롯되
지만, 주로 어머니에게 집중되었음을 알 수 있다. 다음은 흥분시키

---

126) W. Ronald D. Fairbairn, "Endopsychic structure considered in terms of object-
relationships(1944)", pp.119-125.

는 대상과 리비도적 자아를 연상할 수 있는 초기 자료이다.

> 어머니가 병중에 낳은 누이동생 순례는 젖을 한 방울도 먹지 못하게 되
> 었다. 이에 이 젖 못 먹는 어린 누이를 용도가 맡았다. 아침 학교에 가기
> 전에 젖을 근처에서 얻어 먹이고 저녁에 일찍 돌아와 또 이 집 저 집으로
> 젖을 얻어 먹이러 다녔다. 이 어린 누이에게 젖을 얻어다 먹이는 용도는
> 누이가 울 때 함께 울었고 누이가 배고플 때 함께 굶었다.127)

위 인용문에서 분석할 자료는 사실(fact)이 아니라 정서적인 측면
이다. 어린 누이와 젖동냥을 하러 길가로 나간 이용도에게 병약한
어머니가 어떻게 비추어졌을까? 의식적인 차원에서는 어머니를 위
하는 착한 소년의 행위였지만, 무의식 안에는 자식에게 줄 것을 주
지 않는 불만족스러운 어머니 표상이 형성되었을 것이다. 엄마의
젖을 물어야 할 때 물지 못한 어린 순례와 이용도의 어린 시절이
동일시되기에 충분하다. 그러므로 젖먹이 누이동생은 이용도의 몫
이 되었고 함께 울고 함께 굶은 것이다. 그들의 눈물은 흥분시키는
대상에 대한 리비도적 자아의 집중이라 할 수 있다.

> 어머니는 병약하고 집안 살림은 가난하니 용도는 혼자 눈물과 땀을 다
> 쏟으며 세간살이를 받들었다. 즉 특히 없는 것을 얻으려 근처 집에 가서
> 구구한 사정을 하는 일은 그가 혼자 도맡았고 물 길어 주고 절구질하고
> 힘든 일 하는 것도 혼자 맡아했다.128)

이용도는 어머니에게 순응하는 착한 아이였음을 추측할 수 있다.
이것이 심리적 통합과정에서 일어난 것인지, 실패에 따른 방어로

---

127) 『전기』, p.20.
128) 『전기』, p.20.

나타난 것인지는 후기 경험을 살펴보면 자명해진다. 유아적 의존에 충분히 의존의 욕구를 채우지 못하면 원시적 방어기제들이 무의식에 강력한 힘으로 잠재하게 된다. 그리고 그것은 자극받을 만한 현실의 사건을 만남으로 표출된다.

고통스러운 상황에서 순종 잘하는 아이 이면에는 어떤 역동이 잠재되어 있는지 그의 대인관계 방식을 분석함으로써 명확해진다. 변종호와 피터스가 이용도의 학창시절을 다룰 때는 깊은 신앙심과 더불어 정서적 불안정과 비창을 함께 다루고 있다. 이는 깊은 신앙심 이면에 비창이 있듯이, 말 잘 듣는 이용도의 자기 이면에는 돌봄 받고 싶어 하는 또 다른 공허한 자기가 있음을 암시하는 것이다. 지속적으로 좋은 대상으로 기능하지 못하는 어머니는 유아에게 기대만 주는 흥분시키는 어머니 측면이다.

피터스는 흥분시키는 대상으로서의 이용도 어머니를 연상케 하는 일화를 소개하고 있다. 학생시절 교내 식당 식비를 내지 못해 끼니를 걸러야 하는 때가 있었다. 그때 학생들이 교내 식당에 몰려들자 그는 '너희들은 하루 세끼를 먹어야 해. 나 역시 그래야 해.'라는 격정이 몰려왔다고 한다. 피터스는 이용도의 심적 상처를 이렇게 전하고 있다.

> 거기서 혼자 서 있는 것이 수치스러웠고 창피했다. 모두 그를 비웃는 것 같았다. 그는 더 이상 견딜 수 없었다. 돌아서서 그곳을 나왔다. 용도는 자기를 비웃는 눈길과 뒤통수에서 손가락질하는 모습을 더 이상 견딜 수 없었던 것이다.[129]

---

129) Victor Wellington Peters, op. cit., pp.23 - 24.

소외된 감정은 대상에 대한 증오로 바뀐다. "빌어먹을 식당 저주나 받아라!"130) 이것은 불안의 투사이다. 그리고 투사된 불안은 다시 내사되어 피학적 환상을 만들어 낸다.

> 죽어라! 모든 소리마다 죽음의 선고가 내려지는 것처럼 느껴졌다. 죽어라! 너 가련한 사람아! 밥 먹을 돈마저 마련할 수 없는 너, 이 세상은 지불 능력이 있는 사람들을 위한 세상이다. 돈, 금! 그것이 없으면 너 죽어.131)

> 당신들이 나를 죽이고 있어. 당신들이 잘 먹고 잘 살고 있는 동안, 나는 왜 그렇게 할 수 없다는 거지?132)

심리적으로 퇴행이 야기되는 상황에서, 이용도의 환상은 대상을 공격하고, 죄책감으로 그 공격성은 다시 자신에게로 향해진다. 공격하고 공격당하는 환상은 나쁜 내적의 출몰이다.133) 만일 유아적 의존에 실패했다면, 이러한 불안을 극복해 내는 방법으로 원시적 이상화, 투사적 동일시, 분열 등의 방어기제를 강력하게 사용한다. 원시적 방어기제가 작용되는 대상은 전체 대상이라기보다는 부분 대상으로 보아야 한다. 자아는 부분 대상이 전적으로 좋으면 이상화하고 전적으로 나쁘면 공격한다. 페어베언은 그 공격성에 좋은 대상으로 기능할 대상이 부재하면 우울증으로 간다고 했다. 이용도의 우울한 정서, 좋은 것과 나쁜 것의 극단적인 분열, 한 대상에

---

130) Ibid., p.24.

131) Ibid., p.24.

132) Ibid., p.25.

133) 이 부분은 클라인의 편집 분열적 자리 이론으로 보다 명확하게 이해될 수 있다. 주체는 대상으로부터 공격당하는 환상에 있다. 그리고 그 공격에서 벗어나기 위해서 환상 안에서 대상을 공격한다. 혹은 공격하는 자와 짝을 이루는 구체적 현실의 대상을 비합리적인 이유로 공격하기도 한다.

대한 지나친 이상화, 반면 다른 것에 대한 공격성은 생애 초기 방어기제이다. 퇴행이 야기되는 상황에서 피터스가 전하는 이용도의 연상을 주목할 필요가 있다.

현실의 어머니는 성녀로 이상화되었고, 그녀가 해 줄 수 없는 것을 하늘의 아버지께 위임해 드렸다. 성격의 중요한 구조가 형성되는 시기의 이용도에게 성녀와 하늘 아버지는 현실적 만족을 줄 수 없다. 기본적인 욕구 충족을 못해 주는 어머니는 나쁜 대상의 측면인 약속을 남발하고 주지 못하는 흥분시키는 대상이 된다. 중심 자아로부터 분열된 리비도적 자아는 결코 만족할 수 없는 대상을 향한 갈망을 가진다. 이용도의 일기에서 이러한 표상을 찾아보기란 어려지 않다.

봄이 와서 꽃이 피고 나비가 날지만 기쁨을 주지 못한다. 상실을

---

134) Ibid., p.25.
135) 『일기』, 1927. 3. 20, p.28.

걱정하고 있다.

> 까마귀! 검고 보기 싫어 아무에게도 사랑받지 못하는 까마귀. 나는 언제
> 부터인가 이 새가 귀엽게 뵈고 사랑스러워졌다. 까마귀! 누구에게도 사랑
> 을 못 받고 돌리워, 혼자 띠끌 속에서 먹이를 찾고 있는 내 신세 같은 숙
> 명의 새! 136)

대상으로부터 사랑을 받지 못한 리비도적 자아는 돌보는 이 없이 혼자 먹이를 찾는 까마귀와 동일시를 이루고 있다. 그 까마귀는 혼자 티끌 속에서 먹이를 찾고 있듯이 이용도의 대상을 향한 갈망은 기대로만 가득 차 있을 뿐이다. 성탄 전날 밤 아기 울음소리를 듣고 쓴 이용도의 일기는 유아기의 경험과 관련지을 수 있다.

> 주여 저 어린 아이에게 울음을 주신 것 감사합니다. 그 울음 소리가 깊
> 이 잠든 어머니를 깨워 젖을 찾는 소리가 되었으니 만일 그 울음 소리(시
> 끄러운)가 없었더라면 애기는 굶어죽을 수도 있고 깔려 죽을 수도 있을
> 것입니다.
> 우리에게는 듣기 싫어도 그 애기에게는 그 생명을 지켜주는 무기입니
> 다. 오ー그 울음소리. 당신의 경륜이 오묘하도소이다.
> 경성(警醒)
> 아이에게 젖을 먹이는 어머니야! 먹이려거든 깨어 있어 젖꼭지를 바로
> 물리고 먹이어라.
> 젖을 먹인다고 젖꼭지를 물리고서 그냥 잠이 깊이드니 네 잠든 몸의 지
> 향 없는 움직임은 아기를 굶기기도 하고 혹은 네 젖으로 아기를 질식시키
> 기도 할 것이다.137)

말구유에서 태어나신 아기 예수, 아기 울음소리, 폐병으로 투병

---

136) 『일기』, 1927. 6. 1, p.34.
137) 『일기』, 1927. 12. 24, pp.40 - 41.

중인 이용도 자신과 그의 어린 시절이 정서적으로 동일시를 이루고 있다. 굶어 죽을 수도 있고 깔려 죽을 수도 있는 불안은 이용도의 초기 불안이고, 문학적인 구조 안에서 젖을 제대로 물리지 못하는 야속한 어머니는 흥분시키는 대상으로서의 어머니 경험이다.

1930년 10월 16일 이용도의 부흥회 방식이 문제가 되어 구역 담임에서 파면되고 전국 주일학교 연합회 간사로 발령을 받았다. 이 사건을 분기점으로 이용도는 제도권의 보호로부터 멀어진다. 다음 해 1월 24일 장문의 일기를 기록하는데, 그의 어머니 표상과 연결될 수 있는 표현이 발견된다.

> 주여 나를 놓지 말아주세요. 나는 안 떨어지겠습니다. 아무런 것으로 달래어도 안 떨어지겠습니다. 그러나 나를 유혹하는 놈 그 세상이란 놈은 다시 나를 달랩니다. 나는 주의 품을 떠나서의 괴로운 경험을 잘 기억하고 있습니다. 나는 죽어라 – 하고 안 떨어지려고만 하였습니다. 그때에 어머니는 당신이 좋은 선물을 집어 주면서 나를 떼여 볼까 하십니다. 이는 하마 당신이 나를 사랑하사 당신의 일터에 같이 나가면 어린 내가 고생할까 염려하사 아끼시느라고 하심이겠죠. 그러나 나는 어머니 없는 집의 장난감, 음식, 다른 사람의 위로 등이 별로 힘이 되지 못할 것과, 어머니 없는 내 신세가 결국 얼마나 가련 할런지 즉각적으로 알았습니다. 나는 다시 떼를 섰습니다. 「안 떨어지겠나이다」고 「나도 갈 테야 데리고 가 주셔요 어머니」 「가면 춥고 다리 아프고 고생한다」 「그래도 난 좋아 그래도 나는 갈 테야」 하고 울면서 떼를 썼습니다.[138]

일터에 가시기 위해서 자식을 떼어 놓으려고 달래고 대체 장난감을 주는 어머니는 흥분시키는 대상이다. 그 어머니를 붙들어 두려고 울면서 떼를 쓰는 것은 리비도적 자아이다. 기대를 주나 만족

---

138) 『일기』, 1931. 1. 24, p.112.

할 수 없는 대상관계는 신앙의 대상인 그리스도의 관계로 전이되고 있다. 어머니에 대한 유기 불안은 신앙 안에서 주님으로부터의 유기 불안으로 전이된다. 만족을 주는 충분히 좋은 대상이라기보다는 이루어질 수 없는 갈망만 일으키는 고난당하는 그리스도이다. "골고다의 길! 이 길이 나의 길이었으나 나는 아직 초학 입덕지문에 있는 자입니다. 어서 의에 돌진하여 욕과 죽음을 받아야겠습니다."[139] 고난당하는 그리스도와 1차적 동일시의 추구는 언제나 '초학'이라 할 만큼 이루어질 수 없는 갈망이다.

초기 흥분시키는 대상과 리비도적 자아는 그의 정신 구조 안에서 과도한 리비도 집중 현상을 불러일으키고 있다. 이루어질 수 없는 고통스러운 갈망이 이용도 당시의 시대적 아픔과 짝을 이루면서 그의 신앙의 형태는 십자가 신비주의자가 되었다.

3) 거절하는 대상 – 아버지

어머니로부터 내면화된 나쁜 대상의 측면인 거절하는 대상은 오이디푸스 시기에 이르러서는 한쪽 부모에게 집중된다. 이용도에게 있어서는 아버지가 그 역할을 떠맡는다. 거절하는 대상으로서의 아버지는 전술한 오이디푸스 시기의 아버지 경험과 같은 맥락에서 이해된다. 즉 이용도에게 비추어진 아버지는 집을 자주 비우는 것과, 가족을 대하는 태도에 있어서 거절하는 대상으로 내면화되었다.

변종호와 피터스가 전하는 이용도의 초기 가족 구조를 보면 공

---

139) 『서간』, 1932. 12. 30, 옥어진 씨에게, p.179.

격하는 아버지와, 그 공격에서 살아남아야 하는 어머니와 자녀들로 양분되어 있다. 그가 어머니와는 거의 융합에 가까웠다면, 아버지와는 분열성 성격의 특징인 거리 두기를 유지하고 있다. 동생 용구의 장례식을 치룬 후 아버지에게 회개를 촉구하고 앞으로 더 많은 시험과 환난이 올 것을 두려워하라고 하고,[140] "하나님을 섭섭하게 하여서는 망할 수밖에 없습니다. 어떠한 일을 당하든지 주를 슬프게 하지 않도록 해야겠습니다."[141]라는 책망과 훈계조의 서간문은 거절하는 대상에 대한 반리비도적 태도이다.

이용도는 생애 중요한 시기마다 환상을 보고 꿈을 꾸는데, 최초의 환상은 소년기에 중풍 걸린 백부가 밤중에 진유(眞由)를 사 오라고 하여 길을 가다가 보았다. 1931년 7월 26일 그의 일기책 난외에 쓰인 이력서에 '1916년 1월 15일 夜 勝魔'라고 했는데, 일기에 이 체험을 표기할 정도로 그의 내면에 각인된 것이다. 또한 최초 환상의 이미지들은 후술할 이용도 삶의 중요 전환 시점마다 재현된다.

> 캄캄한 한밤중에 혼자 길을 가노라니 키가 구 척이나 되는 마귀가 나타나 길을 가로막아 섰다. 이때에 용도는 놀라지 않고 마음을 침착히 한 후 찬송가를 큰 소리로 불렀더니 하늘에서 천사의 날개가 내려와 그 마귀를 밀어내고 보호하여 주어서 그 길을 무사히 가서 목적한 바를 이루었다고 한다.[142]

환상은 "주체가 등장하는 상상적 각본"[143]이라고 정의할 수 있

---

140) 『서간』, 1931. 6. 27, 이덕흥 씨에게, pp.58 – 59.
141) 『서간』, 1932. 2. 28, 이덕흥 씨에게, p.108.
142) 『전기』, p.20.

다. 환상 안에서는 주체가 마음껏 상상의 대본을 쓸 수 있다는 것이다. 의식적인 환상이라도 그 근간은 무의식적이다. 프로이트는 환상을 소원 성취와 욕동의 파생물[144]로 봄으로써 자아가 해결해야 할 과제라고 한다. 환상도 무의식의 일부이기에 해석 방법으로는 프로이트의 꿈 분석 원리를 따른다. 다만 프로이트가 리비도를 욕동으로 분석했다면, 대상관계 이론에서는 자아가 대상과 가지는 관계의 방식으로 분석한다. 특히 페어베언은 꿈속의 모든 대상표상은 자기표상도 포함하고 있는 것으로 본다. 그리고 꿈속의 상징화된 인물은 3중 자아 / 대상의 분열 수준에서 분석할 수 있다고 한다. 후술할 이용도의 꿈과 환상의 분석은 이러한 대상관계 정신분석이 적용될 것임을 밝힌다.

페어베언은 환상을 중심 자아가 해결해야 할 과제로 보지만, 그 발생 원인은 욕동이 아닌 대상관계의 실패로 본다. 중심 자아의 확립은 환상을 환상으로 인식함으로써 현실로부터 분리한다. 반면 중심 자아로부터 분리된 부차적 자아가 내적 대상과 관계를 맺음으로써 중심 자아의 기능이 극소화된다면, 환상과 현실의 경계가 모호해진다. 그 경계에 따라서 분열의 정도가 결정된다. 이용도는 처음 환상을 시작으로 하여 이후의 환상을 현실의 일부로 경험하는 것처럼 보인다. 이는 그가 내면화된 부차적 자아와 분열된 나쁜 대상으로의 리비도 집중, 즉 분열성 성격의 특성을 가지고 있음을 알 수 있다. 위 환상의 배경으로 보아 겁에 질린 소년이 마귀 환상으로 두려워

---

143) 임진수, 『환상의 정신분석: 프로이트 · 라캉에서의 욕망과 환상』(서울: 대한교과서 주식회사, 2005), p.235.

144) Sigmund Freud, *Vorlesungen zur einführung in die psychoanalyse*, 임홍빈 · 홍혜경 역, 『정신분석 강의』(서울: 열린책들, 2003), pp.497 – 504 참조.

할 수 있으나, 구 척이나 되는 마귀가 실제로 나타나 길을 막아섰다는 것은 이용도 심리구조의 분열을 보여 주고 있는 것이다.

프로이트는 환상 안에서 마귀와 관계 맺는 종교인 분열증 환자를 최초로 정신분석적으로 분석했다. 그의 논문 "17세기 귀신 들림의 신경증"[145]에서 사별한 아버지 때문에 우울증에 빠진 화가 크리스토프 하이쯔만의 이야기를 언급한다. 그는 사탄의 아들로서 9년 동안 육체와 영혼을 사탄에게 바칠 것을 맹세한다. 사탄에게 종속되는 계약을 통해서 우울증에서 벗어나려고 한 것이다. 프로이트는 이 고문서에 기록된 악마와의 계약을 전적으로 환상으로 보고 그것을 분석한 결과 그에게 나쁜 경험을 주고 수용해 주지 못한 아버지를 악마의 형상이라고 했다. 그러나 악령이라고 생각되는 것에 대하여 거절되고 억압된 욕동의 파생물이라고 재정의함으로써 이론적인 애매함을 남겼다.

페어베언은 위 프로이트의 분석 논문을 언급하면서 리비도가 1차적으로 쾌락을 추구한다면 어떻게 사탄과 동맹을 맺을 수 있는가라고 반문한다. 페어베언은 화가가 사탄과 동맹하려 한 것은 거절된 욕동의 만족을 위해서가 아니라 아버지 자체였다고 분석한다. 유년기에 내면화된 아버지는 나쁜 상이었지만 이후 실제적인 경험에 의하여 교정되었다.[146] 그러나 아버지가 죽은 후 화가는 유년기의 아버지로 회귀하는데, 대상 상실의 고통보다는 나쁜 대상이라도 있어야 살아갈 희망이 있기 때문이다. 즉 화가와 동맹을 맺는 마귀

---

145) Sigmund Freud, 『예술. 문학. 정신분석』, 정장진 역(서울: 열린책들, 2003), pp.455 - 506.참조.

146) W. Ronald D. Fairbairn, "The repression and the return of bad object(with special referecce to the 'war neuroses')(1943)", pp.70 - 72.

는 리비도 만족을 위한 욕동의 파생물이 아니라 아버지에게서 형성된 나쁜 내적 대상인 것이다.

이용도의 꿈과 환상에 자주 등장하는 마귀는 무의식 안에 자리 잡은 내면화된 나쁜 대상이다. 위 환상에서 구 척이나 되는 마귀는 강력한 힘을 가진 거절하는 대상으로서의 아버지이다. 칼 융의 개성화 과정에서는 마귀조차도 인격의 일부로 받아들여야 자아와 자기의 통합을 이룰 수 있다고 했다. 정신분석에서도 내 안에서 나쁜 대상으로 상징되는 마귀가 있음을 받아들일 수 있어야 그 마귀로부터 압도당하지 않고 건강한 인격을 창조할 수 있다.

한편 구 척 마귀와 싸워 이길 수 있는 것은 신앙의 능력이다. 이것은 그의 어린 시절부터 아버지와 거리를 두고 거절하면서 어머니를 중심으로 형성된 신앙이다. 즉 이상화된 대상으로 나쁜 대상의 위협으로부터 구출해 내는 역할을 한다. 하늘에서 천사의 날개가 내려왔다는 것은 편집 분열적 자리의 부분대상으로서 이상화된 좋은 대상을 의미한다. 그러나 아직은 전체 대상인 천사로서 인격화된 신앙이라기보다는, 천사의 날개인 부분대상이 됨으로 불완전한 구조를 가지고 있다. 페어베언은 클라인의 부분대상과 전체대상 개념을 받아들인다. 클라인은 부분대상을 편집 분열적 자리의 주 대상 관계 경험이라고 진술하면서 발달과정의 일부로 인정한다. 반면 페어베언은 부분 대상을 초기 구강기 이후 무관심하거나 소유적인 어머니에게서 받은 정서적 박탈감에 기원을 둔다. 퇴행이 일어나는 상황에서 부분 대상과의 관계는 정서적 친밀감을 신체의 일부나 비인격적인 어떤 것으로 대체한다. 페어베언은 이를 "대상의 탈인격화"(depersonalization of the object), 혹은 "대상관계의 탈

정서화"(deemotionalization of the object – relationship)라고 했다.[147] 페어베언에 따르면 이용도에게 천사의 날개로 상징화된 것은 이상화된 부분 대상이라고 할 수 있다. 좋은 대상이지만 그것이 인격과 정서 안으로 통합되지 못했음을 의미한다. 후에 이용도가 궁지에 몰려 그리스도의 이상적 사랑에 몰입하면서 현실의 문제로부터 거리를 두는데, 이것이 바로 대상의 탈인격화, 대상관계의 탈정서화, 부분 대상과의 관계로 볼 수 있다.

천사의 날개가 구 척이나 되는 마귀를 밀어내어 이겼다는 것은 승리를 의미하지 않는다. 이후 경험과 환상과 연결해 보면 내면화된 거절하는 나쁜 대상을 직면하기가 두려워서 억압하고 있는 것을 분석해야 옳다.

이후 이용도의 학창생활을 살펴보면 아버지를 상징하는 거절하는 대상에 대한 거부감이 노골화된다. 소년기에 시변리 공립보통학교 교장이 기독교 가정 아이들을 학대하자 퇴학원을 내며 결국에는 교장으로부터 자유로운 신앙생활을 받아낸다.[148] 어머니 신앙을 지켜 내려는 의도 이면에는 거절하는 아버지를 밀어내는 강력한 역동이 존재한 것이다. 중학 시절 9년 동안의 가난과 배고픔, 마음의 고민과 비창, 생활고로 인한 과도한 노동[149]은 심리적 재탄생을 창조하기에는 너무 열악한 환경이었다. 1919년 3·1절을 시작으로 독립운동을 하게 되는데, 변종호는 그때 이용도의 애국 열정을 다음과 같이 전한다.

---

147) W. Ronald D. Fairbairn, "Schizoid factors in the personality(1940)", pp.12–14.
148) 『전기』, p.19.
149) 『전기』, p.21.

오직 애국열정의 불덩어리였다. 이 불덩어리가 자기의 피와 눈물을 항
상 끓게 하고 있었고 나타나는 데마다 빛을 던지며, 부딪친 존재들을 모두
태웠다.[150]

20세 전후 나이인 이용도가 항일운동을 위한 의노와 강력한 저
항 의지는 긍정적인 평가를 받는다 하더라도, 그 역동은 그의 내면
화된 대상관계와 무관하지 않다. 이처럼 뜨거운 투쟁의지가 어떻게
고난당하는 십자가상의 그리스도로 급격하게 전환될 수 있었는지,
왜 뜨거운 애국열이 장기적이고 구체적인 독립운동으로 확대되지
않았는지 주시해야 한다. 그것은 중심 자아의 활동이라기보다는 반
리비도적 자아가 거절하는 대상에게 향하는 공격성으로 이해되어
야 한다. 이러한 현상은 협성 신학교 재학 중에서도 나타난다. 학
교생활에 흥미를 가지지 못하는 이용도는 학생들끼리 논쟁하거나
수업시간에 괴상한 질문으로 선생님을 골려 주고 경건치 못하다
하여 '이론가, 논쟁가, 말썽꾼, 경우꾼, 싸움패, 과격파'로서 알려졌
다고 한다.[151] 이러한 별칭은 거절하는 대상과 짝을 이루는 공격하
고 박해하고 깎아내리는 내적 파괴자, 즉 반리비도적 자아이다.

반리비도적 자아는 초자아와는 달리 도덕성을 가지고 있지 않기
에 증오의 대상에게는 무조건 공격해야 한다. 구조화된 나쁜 대상
들의 심상은 마귀라는 종교적인 상징으로 나타나고 세상은 마귀로
가득 차 있다. 그리고 그 마귀는 격퇴되어야 한다. 이것은 신학적
인 진술을 포함하고 있다 하더라도 극단적으로 이원론화된 것이기
에 나쁜 내적 대상의 투사라는 방어기제로 설명될 수 있다.

---

150) 『전기』, p.23.
151) 『전기』, p.26.

　　이 곳 한국교회 안에서 장난하고 있는 악마의 계획을 폭파할 폭탄 제조
소가 되게 하소서. 온 – 한국, 온 – 세계에 날아가는 폭탄의 불의 발화지가
되게 하소서. 그리고 그 제1탄이 내가 되게 해주시면 그런 영광은 없겠나
이다. 152)

　　이 땅에 마귀는 꽉 찼다. 어두움의 권세요 밤의 권세로다. 미워하고 죽
이고 시기하고 음란하고 패역한 교만한 이 악마의 세계! 아, 이는 싸움의
밤이로다 창이요 칼이요 포탄 연우로다.153)

　물리쳐야 할 나쁜 대상인 마귀는 현대교회로 전이된다. 1931년 2
월 말 재령집회의 설교를 들어보자.

　　신앙이나 사랑이란 내용은 하나도 없고 껍데기와 기관과 조직만 남아가
지고서는 이것이 예수교회라고 전해서 남의 귀한 심령을 해하고 망치고
죽여 버리는 것이 현대의 교회가 아닙니까……
　　「벽돌로 담을 쌓고 울긋불긋 장식을 해 놓은 것이 이것이 교회가 아니
예요. 이 예배당을 다 – 불질러 버리고 잿더미 위에서라도 몸과 마음을 아
주 바쳐 참된 예배를 드려야 그것이 교회올시다 …….」고 부패한 교회의
내막 폭로, 주님의 일군의 직업화 공격, 예수와 십자가의 재인식 역설, 한
국 기독교계의 재출발을 거창 하는 것이었다.154)

　현대교회와 교직 공격, 그리스도와의 이상적인 연합을 추구하는
이용도의 부흥회는 영적 각성과 더불어 교회에 혼란을 몰고 왔다.
1931년 9월 28일부터 시작하여 10월 3일로 마칠 예정인 아현 성결
교회의 부흥회 일정이 있었으나, 첫째 날 집회 도중 이용도는 축출
당한다. 여기에 대한 이용도의 반응을 이호빈에게 보내는 서신에

---

152) 『일기』, 1930. 1. 26, p.83.
153) 『일기』, 1931. 3. 9, p.127.
154) 『전기』, pp.72 – 73.

나타나 있다.

> 큰 싸움이 시작 되었소이다. 영과 육의 싸움이니 이스마엘과 이삭의 싸움
> 이오다. 혈육으로 난 자가 하나님의 허락으로 난 자를 대적하는 싸움이로
> 소이다. 혈육의 자식은 허락의 자녀를 시기하여 꼬집어 뜯고 있나이다.[155]

하나님의 자녀는 영과 이삭과 이용도 자신으로 이상화되고, 혈육의 자녀인 이스마엘은 현대교회와 교직으로 거절하는 대상이 된다. 집회 중 축출이라는 위기에 작용한 내적 대상의 분열을 보여 주고 있다. 이용도식 부흥회에 대한 논란으로 1931년 1월 감리교 본부에서 이용도를 지방 순회 목사로 파송, 1931년 여름 장로교 황해 노회의 이용도 매장 결의, 1931년 10월 평양 노회의 이용도 금족령(禁足令) 등 일련의 조치들이 취해졌다. 사실 이러한 조치들은 신학적인 검증 없는 감정적인 처사들이나 여기에 대한 논의는 심리학적 영역 밖의 문제로 연구자는 논의하지 않겠다. 다만 이용도 자신도 자신의 부흥회 방식에 대하여 객관적인 성찰이 필요했다.

이용도의 부흥운동이 기존 교회와 교단에 의해 서서히 저지당하게 될 때, 반리비도적 자아는 거절하는 내적 대상의 투사물인 세상, 교회조직, 고위 성직자를 공격한다. 그리고 리비도적 자아는 흥분시키는 대상의 투사물인 가난한 자, 고난받는 자, 약자에 대한 갈망을 가진다. 이처럼 극단적으로 분열된 부차적 자아/대상으로 인해 고난의 십자가 신비주의의 이면에 증오와 분노와 공격성이 자리 잡게 된 것이다.

---

155) 『서간』, 이호빈에게, 1931. 10월, p.68.

4) 도덕적 방어

십자가 신비주의는 죄책감, 회개, 용서를 통하여 마침내 중생, 성화, 영광으로 그리스도에게 이르는 영성의 길이 있다. 이용도에게도 그런 요소들이 보이는데, 우선적으로 그 형태는 심리적으로 우울한 정서를 동반한다.

페어베언에 의하면 우울증은 후기 구강기에 깨물기에 대한 대상관계에서 발생한다. 즉 깨무는 것으로 표현되는 증오가 받아들여지지 않으면 엄격한 초자아로 인하여 그 책벌을 자신이 뒤집어쓴다. 이것이 우울증 환자가 가지고 있는 무의식적 죄책감이다.[156] 이러한 죄책감은 정신분석학 관점에 따라 대상 상실에 대한 두려움, 그리고 그 대상에 대한 사랑과 분노의 양가감정이 포함된다. 그리고 내사와 투사를 반복하면서 대상을 이상화하고 자신을 평가절하하거나 대상의 나쁨과 자신을 동일시하면서 우울한 정서로 빠져든다.[157]

변종호에 의하면 이용도는 신학교에서 이호빈과 이환신을 만나 우애를 다지면서도 "용도 특유의 고민과 우울이 계속되고 있어 그의 오랫동안의 심적 불안과 성격의 분열은 몸과 마음을 파괴하여"[158]라고 우울증을 유발한 마음의 분열을 언급한다. 또한 "고민하고 몸부림치던 나머지 한강에 투신자살을 하려고 밤중에 나가서 노들강변을 밤새도록 헤매다가 밤이 다 밝아서 돌아온 일도 한두

---

156) W. Ronald D. Fairbairn, "A synopsis of the development of author's views regarding the structure of the personality(1951)", *Psychoanalytic studies of the personality*(London: International Universities Press, 1941), p.163.

157) KJulia Risteva, *Soleil noir: Depression et melancoli*, 김인환 역, 『검은 태양: 우울증과 멜랑콜리』(서울: 동문선, 2004), pp.22 – 23.

158) 『전기』, p.27.

번이 아니었다."[159]라고 자살충동을 전함으로써 이용도의 우울함을 예측 가능하게 한다. 물론 변종호가 정신분석학에 대한 식견이 있다고 보지는 않는다. 다만 정서적으로 이용도와 어느 정도 동일시된 변종호는 투사적 동일시[160]로 이용도의 숨겨진 감정을 잘 파악한 인물로 볼 수 있다.

이용도의 우울한 정서는 페어베언의 유아적 의존 단계 중 후기 구강기에 해당한다. 양가감정을 통합해 나가는 과정에서 자신의 공격성이 받아들여지지 않아, 대상의 나쁨이 자신에게 돌아오면서 주체는 우울해진다. 그리고 그 우울함 저변에는 대상이 아닌 자신이 나쁘다는 죄책감을 형성한다. 이용도의 우울함은 도덕적 방어와 동일 선상에서 이해할 수 있다. 그러한 심리적 특성을 가지고 신앙에 몰두하게 되었을 때, 기독교 신학의 많은 주제 중 유독 죄와 회개에 과도한 집중을 하게 된다. 이러한 역동은 이용도 자신뿐만 아니라 공동체 안에서도 작용하여 회개 운동을 촉발시키기도 한다.

---

159) 『전기』, p.33. 이용도의 신앙 단상 「사랑과 섬김」에도 한때 극도의 인간고로 인해 자살하려 했음을 언급하고 있다. 이용도, 「신앙과 섬김」, 『신앙생활』, 1932. 11. 참조.

160) 투사적 동일시(projective identification)는 멜라니 클라인의 편집적 분열적 자리 방어기제로서 유아가 자신의 불안을 다루는 방식이다. 유아가 죽음 본능에서 오는 자신의 불안을 대상으로 투사하고, 투사된 자신의 감정을 대상과 동일시하는 것을 말한다. 이것은 치료자와 내담자 사이뿐만 아니라 전반적인 인간관계에 작용된다. 먼저 자기의 어떤 감정을 대상에게 투사한다. 그리고 그 대상을 투사한 감정과 동일한 것으로 만든다. 대상에게 의도하지 않았던 감정을 일으킴으로, 대상을 통제하는 방식이다. 투사적 동일시를 자주 사용하면 자기/대상의 경계가 불명확해진다. 이것은 대인관계 안에서 남을 이해하고, 설득하고, 조정하는 강력한 능력으로 나타나기도 한다. 연구자는 클라인의 투사적 동일시 개념과 유사한 페어베언의 이론적 개념을 1차적 동일시로 본다. 1차적 동일시란 주체와 대상이 융합한 상태에서 동일시이다. 주체와 대상의 경계가 거의 없다. 시기적으로도 투사적 동일시가 사용되는 편집 분열적 자리와 일치한다. 이용도가 예수의 고난과 이상적 사랑을 추구한 것은 예수와의 1차적 동일시이다. 이용도의 1차적 동일시의 감정은 그의 회중들을 예수의 고난과 사랑으로의 1차적 동일시하게 한다. 양자의 차이점을 1차적 동일시는 유아적 의존기의 발달개념이라면, 투사적 동일시는 발달 이후 전이를 통해서 재경험되는 것까지 포함한다. 연구자는 이용도의 1차적 동일시가 회중들에게 전이되는 경 우에는 투사적 동일시의 개념을 그대로 사용할 것이다.

1926년 이용도가 신학교 3학년 때 요양차 평안남도 강동으로 갔다가 일어난 소위 '강동체험'[161]에서 이용도가 찬양을 하나, 기도를 하나, 설교를 하나 청중은 울음바다가 되었다고 한다. 이용도가 가지고 있는 비통의 감정이 청중에게 투사적 동일시된 것으로 그 근간에는 죄책감을 담고 있다. 이러한 방식이 일제 치하에 형성된 집단적인 고난의 상황에서는 어느 정도 강력한 영향력을 끼칠 수 있다. 하지만 용서와 감사와 발달을 지향하지 못하면 결국 심리적으로는 분열로, 신학적으로는 영육의 이원론자라는 평가를 면할 수 없게 된다.

이용도가 독립 운동하던 당시 형사들에게 문초당해 죄를 혼자 뒤집어쓰기를 진심으로 원했다던가, 수감 중 죄수들에게 밥을 주어 자신은 기도만 하던 일들이 가끔 있었다고 한다.[162] 이것은 고통받는 자와 자신을 동일시하는 능력이면서, 정신분석학적으로는 내가 모든 죄 값을 받아야 한다는 도덕적 보상의 차원에서 이해할 수 있다. 졸업을 2~3개월 앞둔 1927년 이용도가 원작과 주연을 겸한 성극 '십자가를 지고 가는 이들'이 학생회 주최로 공연되었다. 이때 공연 분위기는 다음과 같다.

> 십자가를 진다는 많은 군상들이 지나간 후 뒤를 이어서 나타난 이용도! 주님의 십자가를 지고 비틀걸음으로 힘들게 힘들게 형장인 갈보리 언덕까지 올라가 쓰러지는 용도의 모습은 이천 년 전의 그리스도 수난의 광경을 너무도 분명히 눈에 보여 주는 것이어서 회 장은 통곡의 골짜기 눈물의 바다로 화하였다.[163]

---

161) 『전기』, pp.28 - 30. 참조.
162) 『전기』, pp.24 - 25.
163) 『전기』, p.31.

이용도의 신앙심은 십자가를 지는 행위로 표현된다. 여기에는 죄에 대한 처벌을 받아야 한다는 무의식적 책벌이 있다. 그것은 투사적 동일시를 통해서 청중들의 무의식적 죄책감을 자극한다. 1928년 1월 29일 첫 목회지로 파송받은 강원도 통천으로 가던 중 많은 눈이 내렸다. 이에 대한 그의 연상은 '교역과 죄악'이었다고 한다.[164] 이후 이용도의 교역은 곧 죄악의 회개이다. 이를 통해서 교회가 부흥하고 중생 체험한 성도들이 나타난다. 그의 명성이 평양까지 알려지자, 1930년 2월 26일~3월 9일까지 평양 중앙교회에서 부흥회를 인도하게 된다. 그 집회에 참석한 모 씨의 증언에 따르면 "빌라도의 심판을 설명하실 때…… 천여 명 군중은 그저 울음이다. ……목석도 이 자리에서 울지 않을 수 없을 것이다. 나도 울었다. 그저 울었다. 이때 회개하는 일이 가장 기쁜 일이요, 사람의 심중을 꼭꼭 쏘아 인심을 찌르고 갈라놓는 고로 그 설교 앞에서는 죄를 두고는 참을 수 없고, 그저 자복과 그저 회개뿐이었다."[165] 메마른 땅에 단비를 내리듯 영적 부흥의 계기가 되었을 것이다. 그러나 이러한 방식 일색으로 가는 부흥회는 이용도의 해결되지 않은 죄책감의 투사적 동일시이다. 그리고 중심 자아로 돌아온 청중들은 그때의 감동을 의문시하게 된다.

이용도의 열광적 부흥회는 많은 영적 쇄신을 가져왔지만, 한 편 무질서와 극단성의 이유로 저지를 받게 된다. 그 즈음 1931년 1월 7일부터 8일간 영동 강습회를 열게 되는데, 세 번째 날 동생 용구가 죽는 꿈을 꾼다. 꿈 재료는 실제로 동생 용구의 건강 염려를 들

---

164) 『전기』, p.34.

165) 『전기』, pp.40 - 55.

수 있으나, 페어베언의 꿈 해석 원리에 따라 그것은 자기 표상의 일부일 수도 있다. 즉 이용도 자신의 죽음에 대한 염려의 일부일 수도 있다. 그런데 이 꿈을 꾼 그의 연상은 "강습회도 어찌 한산하고 내 마음도 역시 쓸쓸하구나. 이는 나의 기도가 부족한 연고인가. 아마 이곳에도 기도가 부족하였던가보다."166)이다. 신앙인이 자기의 기도 부족을 탓하는 것은 일반적인 태도이지만, 이용도에게 있어서는 나라는 개념을 무화시키려는 자기비하의 극단을 향한다.

나라는 관념을 아주 없애 주소서. 그리고 나의 속에는 오직 주만이 살아계시옵소서 주가 움직이어 내가 움직이게 하여 주옵소서.167)
나는 육과 영이 너무 평안하여 주께 죄송하다. 어찌하여 저희들은 나로 하여금 일하게 아니하고 저희는 일하는고. 저희가 다하고 나를 그저 버려둘진대 왜 나를 불렀는고.168)

나는 저에게도 많은 죄를 지어 원수가 되었으나……169)

이용도는 육을 편하게 두려하지 않았다. 그러기에 말기 폐병 환자인 자신의 몸을 돌보지 않았다. 이용도는 자신마저 그리스도의 원수로 보고 스스로를 책벌한다.

남의 포도원을 망치노라고 분주한 오 — 가련한 꼴 부흥 목사라는 직업 간판을 붙인 자 화 있을진저.170)

---

166) 『일기』, 1931. 1. 9, p.100.
167) 『일기』, 1931. 1. 9, pp.100 – 101.
168) 『일기』, 1931. 3. 7, p.125.
169) 『일기』, 1931. 8. 17, p142.
170) 『서간』, 1932. 2월 초, 이호빈 씨에게, p.107.

도덕적 방어에 따라오는 엄격한 초자아의 질책이 자신에게 향해지고 있음을 알 수 있다. 그렇게 함으로써 내면화된 나쁜 대상을 통제하는 것이다. 페어베언은 도덕적 방어에 대한 2차적 발달의 산물로 이상화된 대상이 내면화된다고 한다.[171] 이용도에게 있어서 이상화된 대상은 그리스도의 사랑이다. 이용도는 요한복음을 즐겨 읽었던 것으로 전해지는데, 요한의 영지사상은 대상인 그리스도와 주체인 자신이 일치되는 사랑을 지향한다. 이렇게 내면화된 이상적 대상은 반리비도적 자아와 함께 자신을 책벌하는 엄격한 초자아의 특징을 가진다.

이로 인해 이용도는 이후 발달하는 그리스도 케리그마상에 의한 수정이 없이 원시적 그리스도의 고난을 문자 그대로 받아들이게 된다. 수정되지 않은 초자아는 이용도를 십자가의 고난으로 몰고 간다. 이용도 자신은 늘 죄인이어야 하고 통회와 회개를 하여야 한다. 여기에 현실화의 과정을 거치지 않은 이상화는 이용도 자신에게 현실적 만족을 줄 수 없다. 예수의 십자가와 우리는 문자적으로 결코 동일시될 수 없는데도 불구하고, 동일시하려는 리비도적 갈망은 영광, 편안함, 즐거움, 명예 등을 사치스러운 것으로 여긴다. 아직은 그것들을 인격과 신앙의 일부로 통합할 좋은 내적 대상이 내면화되지 못했기에 도덕적 방어는 그의 십자가 신비주의를 공고화하고 있다.

---

171) W. Ronald D. Fairbairn, "The repression and the return of bad object(with special referecce to the 'war neuroses')(1943)", pp.65 - 67.

5) 이상화 대상 - 그리스도의 사랑

페어베언은 양육자의 실패로 나쁜 대상이 내면화된다고 하였고, 어머니의 만족을 주는 측면인 이상적 대상도 내면화된다고 하였다. 이유는 나쁜 대상을 통제하고 불안을 완화하기 위함이다. 그리고 중심 자아의 일부는 내면화된 이상적 대상, 또 다른 일부는 현실의 대상과 관계 맺는다.

> 어머님
> 이름 중에 제일은 어머니, 마음 중에 제일은 어머니의 맘, 눈 중에 제일
> 은 어머니의 눈.
> 나의 오늘이 있음은 오로지 나의 어머니의 기도와 念德에 인함이다.[172]

이용도에게 있어서 만족을 주는 이상적인 측면으로서의 어머니는 어머니 자체보다는 어머니의 신앙이다. 초기 거절하는 대상으로서의 아버지 경험, 흥분시키는 대상으로서의 어머니 경험, 즉 나쁜 내적 대상을 조절하기 위해서 어머니인 기독교 신앙을 어린 시절부터 특별하게 내사하였다. 그는 어머니의 신앙적인 양육으로 아버지의 거절을 이겨 냈고, 민족주의에서 사회주의로 사상의 전환기에 신앙을 고수할 수 있었던 것은 어머니의 하나님을 잊을 수 없었기 때문이라고 한다.[173] 13세 때 평범치 않은 신앙생활을 하였고, 기도생활을 실천한 소년으로 교회 종탑에 올라가 여러 시간 혹은 철야기도를 올렸다고 한다.[174] 부모로부터 분리하여 또래집단을 형성

---

172) 『일기』, 1930. 5. 17. p.94.
173) Victor Wellington Peters, op, cit., p.22.

할 즈음에 내면생활에 그렇게 몰두했다는 것은 내면화된 이상적 대상과 관계이다. 그렇게 형성된 초자아의 핵인 이상화 대상은 이용도에게 조숙한 신앙인의 모습을 유도했다고 볼 수 있다. 이것의 순기능은 그의 심리구조 안에서 나쁜 대상과 부차적 자아의 극단적인 분열에도 불구하고, 후에 이용도가 통합을 지향하게 되고 고난을 사랑으로 수용하는 사랑의 신비주의로 전환하는 심리적 요인이 되었다는 점이다.

그에게 있어서 신앙의 핵심 대상은 그리스도이고, 내면화된 이상적 대상은 만족을 주는 그리스도의 사랑이다. 이것은 결코 만족을 줄 수 없는 흥분시키는 대상으로서의 십자가 고난 추구와, 박해하고 파괴하는 거절하는 대상과는 대조를 이루면서 그것들을 완화시킨다. 중심 자아가 얼마만큼 현실에서 그리스도의 사랑과 관계를 맺는지 여부가 신앙의 만족도와 비례한다. 하지만 내면화된 이상적 대상으로의 과도한 리비도 집중은 오히려 나쁜 대상을 방어하는 역기능이 되기도 한다. 그것은 엄격한 초자아를 형성하게 되고 나쁜 대상 측면을 양극으로 분리시킨다. 환상 분석을 통해서 이상적 대상의 측면이 어떻게 심리구조에 자리 잡고 있는지 살펴보자.

용도 목사가 강단에 나서니 어디서인지 많은 청년들이 몰려들어 회당이 가득 찼다. 용도 목사가 한참 말을 하는데 무섭게 생긴 사람 둘이 손에 큰 검을 들고 들어와서 앉은 청년들을 찌르고 베고 하여 다 쓰러뜨리고서 용도 목사에게 이르러서는 두 명이 함께 칼을 들어 동시에 목사를 치려고 한다. 이때 목사가 입김을 내어 그자들을 훅 부니 둘이 다 당장 쓰러져 죽는 것이었다.[175]

---

174) 『전기』, p.19.

175) 『전기』, pp.65 – 66.

　이 환상의 배경은 주일학교 지도자 강습회를 부흥회식으로 하여 문제가 된 후 강습회에 나오지 말라는 주최 측의 권고를 듣고 똑똑한 정신으로 일어난 것이라고 한다. 회당에 가득 찬 청년들은 은혜를 받는 사람으로서 좋은 대상의 측면이다. 무섭게 생긴 사람 둘은 그에게 부흥회에 나오지 말라는 거절하는 대상이다. 한편 거절하는 대상은 박해하는 대상이 됨으로써 편집 분열적 자리로의 퇴행을 불러일으키고 있다. 두 명이 칼을 들고 공격하는 것은 박해 불안이다. 즉 이용도 자신이 거절하고 박해하는 대상으로부터 공격당하는 원초적 불안을 보여 주고 있다. 그리고 입김을 내어 그들을 죽이는 것은 유아의 전능환상[176]이다.

　위 환상 안에서의 전능성은 불안이 유발되는 상황에서 초기 전능환상으로의 퇴행으로 볼 수 있다. 페어베언의 이론에서 전능성은 거절하는 나쁜 대상으로부터 자신을 보호하기 위한 이상화된 내적 대상이다. 꿈을 꾼 후 이용도의 연상도 "네 입에 내 능력을 주노니 나가서 외쳐서 마귀들을 쳐서 물리치라."[177]이다. 능력을 주는 전능자와 능력을 받는 자기가 융합되어 있다. 그것은 환상 속에서 탁월한 능력을 가지기에 마귀를 물리칠 수 있다. 당시 부흥사로 명성

---

176) Madeleine Davis and David Wallbridge, op, cit., pp.57 - 60. 참조: 위니캇은 유아 탄생 직후 충분히 좋은 엄마의 만족스러운 돌봄을 받으면서 대상으로부터 아기에게 제공되는 모든 돌봄을 유아 자신이 창조한 것으로 여기는 전능 환상의 시기가 있다고 한다. 위니캇의 전능 환상은 자연스러운 발달 과정이다. 전능 환상은 충분히 좋은 엄마 경험을 통해서 지속되다가, 유아와 엄마가 점차적으로 분리되면서 의식에서 밀려나 무의식에 그 흔적을 남긴다. 그리고 퇴행을 일으키는 상황에서 다시 의식화된다.
Melanie, Klein, op, cit., pp.262 - 289. 조울증에 관하여 참조할 것: 클라인에 의하면 편집 분열적 자리의 불안에 대한 방어로서 이상화이다. 혹은 우울적 자리에서 대상에 대한 고통스러운 감정을 피하기 위하여 우월감과 승리감을 갖는 조적 방어(manic defence)로 볼 수도 있다.

177) 『전기』, p.66.

을 날리던 이용도로서는 초기 어머니로부터 이상화된 무의식적 대상이 의식화되기에 충분했을 것이다.

좋은 대상으로서의 그리스도가 현실 안에서 만족을 주지 못하고 내적 대상이 되어 극단적으로 몰입하면 또 다른 신비주의 형태를 취하게 되는데, 이용도에게 있어서 오직 주님의 지시만 따르겠노라는 것이 그것이다. 이용도에 대한 평판이 좋으면 좋고, 나쁘면 나쁜 식의 극단으로 가면서 감리교단에서는 그 시비를 중단시키려고 주일학교 연합회 간사에서 지방 순회 목사로 직위를 변경했다.[178] 서서히 몰락을 가져오는 이 시기에 이용도는 부흥회를 가고 안 가고, 한다면 며칠을 하느냐의 문제를 기도로써 오직 주님의 지시를 받으려 했다고 한다.[179] 기차를 타고 가다가 "용도야! 이번에는 한번 고향 가서 부모님께 인사를 드리라."[180]라는 주님의 지시를 듣고 기차에서 내린 일, 폐병으로 죽음을 얼마 안 남겨 놓고 원산에서 요양 중 주님의 지시에 따라 평양을 간 일[181] 등, 그에 관한 기록 전반에 나타나는 주님과의 직접적인 통교는 이용도 신앙에 신비주의를 더해 주고 있다. 이것을 정신분석의 입장에서 보면 이상화 대상에로의 리비도 집중이다. 그것이 참 신언이든 아니든 심리학적 논의 주제는 아니지만, 그러한 신앙의 형태를 결정짓는 이용도의 내면화된 이상화 대상의 특징을 관찰할 수 있다.

이용도가 내면화한 좋은 대상으로서의 그리스도는 사랑이다. 어

---

178) 1931년 5월 주일학교연합회 간사에서 경성지방 순례 목사로 파송받은 것을 변종호는 부흥회 논란을 종식시키기 위한 교단의 결정으로 본다. 반면 1931년 7월 1일자 ≪기독신보≫에 의하면 교회를 부흥시키기 위한 이용도 자신의 결정이었다고 한다.

179) 『전기』, p.67.

180) 『전기』, p.186.

181) 『전기』, p.200.

머니가 자녀들을 아버지의 박해로부터 신앙으로 보호하였듯이 그리스도의 사랑은 나쁜 대상으로부터 이용도를 보호한다. 전술한 영동 집회 중 고아 최억성에 대한 감상적인 사랑도 이용도 자신이 이상적인 사랑으로 보호받고 싶어 하는 감정이 투사된 것이다. 그 사랑은 분열성의 특징을 따라 추상성을 띤 무차별 사랑이고 비현실적이다.

정작 관심을 가지고 사랑을 베풀어야 할 대상에게는 거리를 둔다. 그리고 사랑해야 할 대상으로 설정하면 이상적인 사랑을 추구하지만, 정작 그 사랑은 적대자들에 대한 증오에서 분리된 사랑이다. 페어베언에 따르면 분열성 개인의 성격적인 특징은 '(1) 전능적 태도 (2) 고립 또는 거리감을 유지하기 (3) 내적 실재에 대한 몰두'[183]인데 이용도에게 있어서 전능적 태도는 그리스도에 대한 이상적 사랑으로, 고립 또는 거리감 두기는 현실에 대한 냉소적인 태도, 내적 실재에 대한 몰두는 신비주의의 형태로 나타난다.

변종호에 의하면 이용도는 일련의 비평이 들려오면서 그것과 직면해서 현실적으로 문제를 풀어 나가기보다는 세상을 청산하고 주님으로 가는 편을 선택했다고 한다. 중심 자아가 외부의 현실을 감

---

182) 『전기』, pp.109 - 110.
183) W. Ronald D. Fairbairn, "Schizoid factors in the personality(1940)", p.6.

당할 수가 없어서 내면화된 이상화 대상으로 돌아간 것이다. 당연히 이상적인 사랑 저편에는 적대적인 감정이 존재한다. 즉 그가 희구하는 그리스도의 사랑 이면에는 좋은 대상으로 변형되거나 통합해 내지 못한 나쁜 내적 대상을 향한 공격성이 존재한다.

기독교 신비주의에서 사랑은 믿음보다 우선한다. 그러나 그 사랑은 이원론을 극복한 통합적 사랑이다. 구체적이고 현실적인 적응 능력으로 나타난다. 하지만 이용도의 중심 자아는 나쁜 대상으로부터의 방어를 위해서 현실보다는 지나치게 이상화 대상에게 리비도를 집중한다. 그 결과 지나치게 나쁜 대상은 미통합의 상태로 남아 있고, 중심 자아의 사랑추구는 비현실성을 가진다. 또한 이상화 대상은 엄격한 초자아로 작용하기에 이용도를 고난으로 몰고 간다. 이러한 구조는 좋은 대상의 경험으로 수정되기 전까지 현실과 분리된 순수함과 고상함을 추구한다.

---

184) 『서간』, 1932. 7. 12, 이태순 씨에게, p.142.
185) 『서간』, 1932. 7. 12, 이태순 씨에게, p.143.

　이용도 생애 말년에 부차적 자아로 집중하던 리비도가 중심 자아로 옮겨지면서 중심 자아의 응집력이 생기기 시작하는 면면이 포착된다. 응집된 중심 자아는 내적 대상으로부터 현실의 대상으로 리비도를 전환한다. 그러면서 십자가 신비주의가 사랑으로 통합해 나가는 단서들이 발견되지만, 지병인 폐병의 악화로 조기에 세상을 떠나는 아쉬움을 남겼다.

Ⅴ. 십자가 신비주의의 내면화

Chapter V

십자가 신비주의의 내면화

이용도의 십자가 신비주의는 그의 무의식 안에 구조화되어 있다. 이미 구조화된 것은 환경 밖으로 투사하려는 에너지를 가진다. 페어베언에 의하면 리비도는 방향성을 가짐으로써 구조들 간에 상호 역학적인 관계를 유발한다.[186] 즉 리비도의 방향과 투여되는 양에 따라서 정서적인 변화와 그것이 표현되는 심상의 변화를 가져온다. 이용도는 생애 중요한 전환점에서 리비도의 양과 방향이 변화되는 것을 보게 되는데, 이것이 십자가 신비주의 형태를 변화시킨 심리학적 원인이 되고 있다.

정신분석에서 보는 발달이론에서는 잠재기인 사춘기에 들어서서 초기 형성된 심리구조의 특성이 생생하게 드러난다. 따라서 이용도의 십자가 신비주의를 논함에 있어서 1915년 개성 한영 서원(후에 송도고등보통학교가 됨) 입학 전후를 그 시작으로 보는 것이 옳다. 이 시기에는 리비도의 방향성이 주로 거절하는 대상에게로 향한다. 이러한 리비도 집중은 신학교 시절을 거쳐 목회 초기 승마체험 이

---

186) W. Ronald D. Fairbairn, "A synopsis of the development of author's views regarding the structure of the personality(1951)", p.176.

전까지 계속된다. 즉 리비도가 주로 거절하는 대상에 투여됨으로써 반리비도적 자아의 분노와 저항을 유발한다. 한편 반리비도적 자아는 흥분시키는 대상과 리비도적 자아를 공격하고 그것의 갈망을 억압함으로써 어머니의 신앙을 내면화시킨다.

1. 청소년기 – 감리교 협성 신학교 입학 이전 시기

대상관계 이론에서는 만 3세까지의 대상관계 경험에 따른 내적 표상이 형성되고, 이후 오이디푸스의 갈등이 발달과제에 중요한 영향을 미친다. 그리고 잠재기로 일컬어지는 아동기를 지나 사춘기에 들어서면 또 한 번의 발달을 위한 갈등을 겪는다. 사춘기는 초기 미해결된 과제들을 수행하려는 진통을 겪는다. 위니캇은, "청소년은 본질적으로 고립되어 있는 존재이다. 그들은 이 고립된 자리에서 벗어나 관계 형성을 향해 나아간다. 청소년은 개인 관계에서 시작해서 차츰 사회적 관계로 나아간다. 청소년은 본질적으로 유아기를 반복하는 특징을 가진다. ……유아는 자신의 일부가 아닌 대상의 존재를 인식하고 환영하는데, 그것은 하나의 성취이다. 청소년은 이러한 유아기의 경험을 반복한다."[187]라고 한다. 청소년은 무의식적으로 유아기로 퇴행하고 발달을 위한 현실적인 과제 앞에서

---

187) D. W. Winnicott, *Deprivation and delinquency*, 이재훈 · 박경애 · 고승자 역, 『박탈과 비행』(서울: 한국심리치료연구소, 2001), pp.107 – 108.

격동한다는 의미이다.

유아가 초기 융합된 대상과 분리됨으로써 주체적인 경험을 하듯이, 청소년은 자신의 정체성을 확인할 수 있는 생생한 경험을 추구한다. 또한 유아기에 기원을 둔 극단적인 도덕성을 가지고 있다. 그것은 "선악의 문제보다 훨씬 더 깊은 차원의 도덕성이며, '너 자신에게 진실하라.'는 도덕적 신조를 가지고 있다. 청소년은 자신에게 진실하고자 하는 투쟁에 참여한다."[188]라고 정의할 수 있다. 따라서 초기 발달의 과제인 편집 분열적 자리, 우울적 자리, 자아/대상의 분열, 오이디푸스 콤플렉스로의 생생한 퇴행이 일어난다. 이것은 미해결된 과제의 재경험을 통해서 발달을 이루려는 퇴행이다. 위니캇은 이때의 욕구를 다음과 같이 제시한다.

거짓된 해결책을 피하려는 욕구: 생생하게 느끼거나 아주 무감정한 상태로 있고 싶은 욕구
청소년의 의존심을 수용해주고 신뢰할 수 있는 환경 안에서 반항하고 싶은 욕구
사회에 대한 적대감을 드러내고 그 적대감을 발산하기 위해서 반복적으로 사회를 자극하려는 욕구[189]

위니캇이 제시한 청소년의 욕구는 초기 경험과 연관해서 다음과 같이 설명할 수 있다. 첫째, 거짓 자기를 피하고 참자기로 살기를 원한다. 참자기의 특성은 살아 있음을 생생하게 느끼는 것이다. 생생함이 허용 안 될 때 방어로 사용하던 거짓자기를 취하는 것보다는 차라리 포기하는 편을 선택한다. 이것은 청소년의 극단적 감정

---

188) Ibid., p.114.
189) Ibid., p.116.

경험과 상호 관련이 있다. 둘째, 초기 엄마와의 절대적 의존기로 회귀하여 자신의 공격성을 시험하려 한다. 셋째, 그들은 반사회적인 생각과 행동을 함으로써 생생한 경험을 얻으려 한다. 이 때문에 학교나 사회적 규칙을 위반하는 충동적 행위가 나타난다. 청소년기가 유아기의 미해결 과제를 해결하는 제2의 탄생기가 되기 위해서는 허용과 직면해 주는 환경을 필요로 한다. 그럼으로써 현실적응의 능력과 도덕성, 창조성을 발달시킬 수 있다.

이용도는 청소년기를 일제 치하라는 시대적인 아픔과 개인적인 가정환경의 어려움으로 비창의 때를 보냈다고 한다. 분열성 성격의 격렬한 투사를 허용받지 못한 환경이었다. 유약한 그의 자아는 성장의 과제를 수용하기보다는 자아와 대상과의 유아적 방식을 반복하는 것이다. 그 시기는 1915년 개성 한영서원(후에 松都高等 普通學校가 됨)에 입학한 후부터 1924년 감리교 협성신학교 영문과에 입학한 때까지로 볼 수 있다. 이러한 구분이 다소 연장된 구분이라고 할 수 있지만, 리비도의 방향성을 염두에 둔 구분임을 밝힌다. 이때의 주 이력은 나쁜 대상으로 상징되는 일제에 대한 투쟁이었다.

이 시기에 이용도는 집안의 구구한 일을 도맡아 하고, 손재주의 발달로 집안 수선을 직접하고, 일에 근면성을 보이고, 비상한 말재주로 주변을 놀라게 한 일[190] 등은 중심 자아의 기능으로 현실 적응의 능력으로 볼 수 있다. 그러나 일제 치하와 가정환경의 이중고는 심리적 재탄생에 손상을 주었다. 중학 9년 동안의 주 감정에 대하여 변종호는 다음과 같이 전한다.

---

190) 『전기』, pp.20 – 21.

리비도가 세상과 대상관계에 투여되어 삶을 만족할 만한 것으로 여기기에는 현실이 너무나 냉혹했다. 이용도는 이 시기에도 신앙생활에 성실한 것으로 전해져 오고 있다. 그것은 현실과의 직면을 피해 내적 대상으로 철수하는 것이며, 퇴행함으로 어머니에게로 융합하는 심리학적 관점을 가진다. 비록 신앙에 헌신했다고는 하지만 정서적 불균형의 상태에 있음으로, 아버지 투사물인 힘 있는 자들에 대한 분노는 해결되지 않았다. 피터스도 그의 중학 시절의 고뇌가 분노로 표출되고 있음을 다음과 같이 전한다.

그의 반리비도적 자아는 공격성으로 표현됨으로 고난당하는 그리스도로의 갈망을 억압한다. 그리고 이용도의 애국심은 심리적으로 내면화된 거절하는 대상에 대한 분노와 증오를 담고 있기에 강력한 에너지를 가지게 된다. 거절하는 대상인 일제와 반리비도적 자아의 공격성이 짝을 이루면서, 이용도는 10대 후반에서 20대 초반까지 독립투사로 비추어진 것이다.

이용도의 독립투사로서의 모습은 억압된 증오와 분노의 일시적

---

191) 『전기』, p.21.
192) Victor Wellington Peters, op, cit., p.25.

144

인 승화로 볼 수 있다. 이용도 자신의 본래적 소명이 아니다. 그러기에 신학교에 입학하면서 독립투사로서의 모습은 자취를 감추어 버리고 또 다른 대상이 거절하는 대상이 된다.

2. 감리교 협성 신학교 시절

독립운동에만 열광한 이용도에게 신학교 입학은 달갑지 않은 일이다.

> 조국이 독립을 하고 민족이 자유를 얻어야 살지 신학 공부 같은 것으로 어찌 나라와 민족을 구할 수 있을 것인가 하는 것이 용도의 생각이었다. …… 독립운동을 하여 민족의 독립을 달성하는 것만이 자기가 할 일이요, 또 그것만이 조국과 하나님이 명하시는 일이라고 생각하고 있었다.[193]

일제에게 향하던 공격성은 신학교 안으로 옮겨진다.

> 신학생이 된 용도는 신학생다운 점은 없고 그저 신문, 잡지, 시가, 소설, 법률, 정치 서적 등이나 읽고 학생들끼리 모여 앉으면 이론이나 캐고 논쟁이나 하고 강의 시간에는 까다롭고 괴상한 질문을 해서 선생을 골려주는 등 경건치 못하고 얌전치 못한 행동으로 가슴 속의 애국의 불길을 진압해 보려는 것이었다. 그래서 그는 이론가, 말썽꾼, 경우꾼, 싸움패, 과격파로서 알려졌다. 그리고 또 학생이거나 선생이거나 경우에 틀리면 그냥 몰아 세우고 닦아 세우는 직접 행동파로서 신학교 안에서 모든 사람에게 눈을

---

193) 『전기』, p.25.

흘기우고 경원(敬遠)함을 받는 향기롭지 못한 존재이었다.[194]

신학교 초기 외면으로 드러난 이용도의 태도는 대상과의 거리 두기로써 이론에 몰두하고, 거절하는 대상에 대한 공격성이 두드러짐을 발견할 수 있다. 하지만 신앙 공동체에서 대상에 대한 공격성의 투사는 독립운동과는 달리 리비도 만족을 줄 수 없었을 것이다. 그동안 반리비도적 자아는 흥분시키는 대상과 리비도적 자아의 기대를 무의식으로 밀어 넣으면서 외부를 공격했지만, 그 공격의 힘이 감하면서 자연스럽게 리비도적 자아의 갈망이 살아나게 된다. 이 시기에 이용도는 자신의 아호(雅號)를 심조(心鳥)라고 하였는데, 그 이유는 '1. 새들이 즐거운 노래를 마음껏 부른 것과 2. 새들이 넓은 천지를 자유로 날아다니는 것을 부러워하고 또 그것을 목표로 삼아 마음의 새로 그 이름을 삼았던 것이다.'[195] 즉 어머니의 신앙으로 돌아가려는 리비도적 갈망의 표현으로 볼 수 있다.

어머니 신앙으로의 회귀는 어린 시절 자신의 신앙으로의 회귀와 같은 맥락에서 이해할 수 있는바, 그가 유년지도 사업에 몰두하여 공을 세운 것은 결코 우연한 일이 아니다. 피터스도 이를 뒷받침할 수 있는 증거를 제시한다. 그가 다양한 사회생활에 적극 참여함으로 신앙생활이 퇴보하자, "용도는 '눈물'로 주님을 찾기 시작했다. 또 한 번의 밀어닥친 위기의 순간에 어릴 적 이어받은 어머니의 신앙이 그를 구해주었다."[196]고 한다. 피터스는 이 시기에 주님께서 이용도에게 눈물의 은사를 주셨다고 증언한다.

---

194) 『전기』, p.26.
195) 『전기』, pp.26 - 27.
196) Victor Wellington Peters, op, cit., p.26.

> 아버지의 반대, 세속적이며 신을 부정하는 철학, 고난, 그리고 남성적인
> 욕망은 그의 진로를 어머니의 이상으로부터 되돌리는데 아무 소용이 없었
> 다. 그의 운명은 황해도에 있는 작은 이엉입에서 결성된 것이었다.[197]

한편 그는 신학교에서 이호빈과 이환신을 만나 좋은 대상관계 경험을 한 것으로 알려졌다.

> 이렇게 살고 있는 심조에게 새 원기를 불어 넣어 주는 때가 왔으니 그
> 것은 본과에 있는 이호빈(李浩彬)을 알게 된 것과 가을에 이환신(李桓信)
> 이가 입학하여 온 때부터이다. 클클할 때는 이론을 잘 하고 건실한 사상을
> 가진 환신이와 밤새 논쟁을 하고 답답할 때는 황소 같은 호빈에게 매달이
> 어 어리강을 부리면서 심조는 하루하루 현상 유지에 애를 쓰는 것이었다.
> 이렇게 지내는 동안 어느덧 셋을 삼이형제로 알려지도록 절친해졌으며
> …… [198]

위 글에서 보듯 만족스러운 대상관계 안에서도 현상 유지에 애를 쓰는 리비도 갈망을 볼 수 있다. 리비도적 자아가 이루어질 수 없는 기대로 가득 차 있다는 면에서 프로이트의 원본능과 견줄 만하다고 하지만, 그것을 유아적 욕동으로만 볼 수는 없다. 페어베언은 리비도적 자아가 내적 대상에 몰두한다는 점에서 현실 적응력이 떨어지지만 중심 자아의 파생물로서 중심 자아와 유사한 역동적 구조를 가지고 있다고 한다.[199] 따라서 이용도의 고난당하는 그리스도 신앙은 프로이트의 입장에 따라 유아적 갈망에 종속시킬 수 없고 나름대로의 구조를 가지고 있음을 알 수 있다. 이용도가

---

197) Victor Wellington Peters, op, cit., p.26.

198) 『전기』, p.27. 셋은 현저동에 셋방을 얻어 자취 생활을 하기도 했다고 한다.

199) W. Ronald D. Fairbairn, "Endopsychic structure considered in terms of object-relationships(1944)", pp.106.

이환신, 이호빈과 형제와 같은 의존의 관계를 가짐으로 그의 리비도적 자아는 어머니 신앙으로 복귀를 촉발했을 것이다. 바로 이 시기에 이용도의 십자가 신비주의 형태를 예고해 주는 강동체험이 일어났음을 상기해야 한다.

1925년 겨울에 의사로부터 폐병 3기라는 진단을 받고 학업을 중단하라는 권고를 받는다. 당시로서는 사형선고나 다름없었다. 이환신은 용도를 요양시키기 위해서 그의 고향인 강동으로 데려간다. 그곳 교회에서 부흥회를 인도해 달라는 청탁을 받는다. 사회를 보는 이용도에게서, 설교를 하는 이용도에게서 청중은 크게 감동을 받는데, 그것은 한마디로 청중과 하나 된 눈물 체험이다.[200]

> 찬송 149장(오늘의 163장)을 꺼내어 한 절을 부르고 두 절 시작하는 데 용도는 울기를 시작했다. 용도의 울음을 본 회중은 모두 운다. 용도의 울음이 심해짐에 따라 만장은 울음바다가 되었다.[201]

> 찬송을 불러도 눈물이요, 기도를 올려도 울음이다. 설교도 좀 해 내려가다 가는 그저 울음이다. 떨려오는 말소리가 흐리워 지는 것이었다. ……그저 용도가 무슨 말을 꺼내면 청중은 통곡이요.[202]

사형 선고를 받은 것과 다름없는 이용도 자신의 갈망은 오늘의 찬송가 163장, '언제 주님 다시 오실는지'의 그리스도의 종말론적 재림의 기대와 연합한다. 그리고 어머니로부터 내사된 신앙으로 어머니의 눈물과 연합되는 경험을 불러일으킨다. 그 눈물은 다시 투

---

200) 『전기』, pp.28 - 29.

201) 『전기』, p.29.

202) 『전기』, p.29.

사적 동일시를 활용하여 청중들에게 투입되어 눈물을 흐르게 함으로써 리비도 만족을 가져온다.

> 강동에 다녀온 용도는 딴 사람이었다. 부동의 신념과 확신을 얻은 중생의 사람이 되었다. …… 벌써 죽었을 사람이 죽지 않았을 뿐만 아니라 더욱 새 힘을 얻어 공부를 할 수 있게 됨을 얻은 용도는 …… 그 뜻에 복종하는 사람이 되기 위해서만 기도하고 준비하고 노력하기로 결심하고 또 맹세하는 것이었다.[203]

강동체험은 신학교 졸업학년인 1927년 이용도가 원작과 주연을 겸한 '십자가를 지는 이들'이란 성극에서 또 다시 청중과 눈물로 하나 되는 사건으로 이어진다. 그러나 그의 리비도는 십자가 신앙으로 분출되지 아니하고 내면화된 상태에서 갈등을 겪고 있었다.

변종호는 이용도의 신학시대 갈등을 4가지로 요약하는데[204], 이는 심리학적으로 리비도 갈등이다.

첫째, 왜적과 투쟁하지 못하고 기독교 계명에 묶여 있어야 하는 사상적 고민의 시기라고 한다. 대상에 대한 공격성과 기독교 신앙으로의 몰입 사이에 양자택일의 갈등이다. 내적 대상과 관련해서는 거절하는 대상과 흥분시키는 대상 사이의 리비도 갈등이다. 그러나 졸업이 가까워지면서 일제로 향하던 공격성은 한국교회로 전치된다. 리비도가 거절하는 대상에서 흥분시키는 대상으로 전환되기 전의 모습이다.

> 한국 교회는 점점 무력해 진다. 점점 속화해 간다. 교회 안에……찬 바람이 쓸쓸히 돌뿐이다. ……허위가 가득차고 싸움이 가득 찼습니다.[205]

---

203) 『전기』, p.30.
204) 『전기』, pp.32 – 33.

둘째, 재능 있는 그에게 여자들의 유혹과 구설수로 이성 관계에서 생기는 고민이 있었다고 한다. 그러나 세상의 향락을 거절하는 이용도에게 이성교제란 속된 것이다. 또한 어머니와의 정서적 친밀감의 결핍은 이성과 친밀한 관계를 형성하는 일에 어려움을 느꼈을 것이다. 결국 이성교제를 보는 그의 관점은 거리 두기 아니면 평가절하 하는 것이다.

셋째, 양심을 지키려다 늘 궁핍하였고 한강에 투신자살을 시도하려 했다고 한다. 엄격한 초자아의 징벌을 몰고 오는 도덕적 방어로 심한 갈등을 겪었을 것이다. 그럼으로써 대상의 좋고 나쁨은 대극을 이룬다.

넷째, 목회자라는 평범치 않은 사역을 해야 하는 장래에 대한 고민이 있었다고 한다. 신학 졸업을 '대학 하나 무사히 졸업한 셈'이

---

205) 『일기』, 1927. 5. 2, p.32.
206) 『일기』, 1927. 3. 6, p.25.
207) 『일기』, 1927. 2. 9, p.21.

150

라 하는데, 비록 환경적인 요인이 있다 하더라도 그가 현실적인 과제 앞에서 얼마나 힘들어 했는지 짐작할 수 있다. 현실로 나와야 하는 중심 자아의 갈등이다.

> 아 - 하염없는 이 생활 걷잡을 수 없이 흩어지는 이 마음!
> ……
> 아 - 이놈의 세상이 끔찍하게도 내게 붙어서 떨어지지를 않습니다.[208]

이용도는 신학교 재학 중 십자가 신비주의의 특징이 되는 종교 체험을 하였으면서도, 리비도의 분산으로 그 체험은 내면화되었다.

3. 목회 초기

1928년 1월 29일 강원도 통천으로 파송되어 그해 12월 승마체험(勝魔體驗)하기 전까지를 목회 초기로 한정한다. 이 기간은 십자가 신비주의로 가는 과도기로 볼 수 있으나 6 · 25사변으로 인하여 일기가 유실되는 아쉬움이 있다. 다만 변종호와 피터스의 기억을 통해서 그의 갈등을 살펴볼 수 있다.

이용도는 타고난 시적 감수성과 문학성이 있었고, 그 대극으로는 섬세한 이성적인 통찰력이 있었다. 그런 그가 사람들과 관계하고 그들의 영적 지도자로서 목회에 적응하기에는 다소 어려움이 있었

---

208) 『일기』, 1927. 3. 6, p.25.

을 것이다. 게다가 그 시기의 사조는 민족주의에서 사회주의로 전환하는 과도기였다. 이용도의 관심은 사회주의에 있었고, 모두가 공평한 지상 낙원을 이룩하고자 하는 일련의 꿈을 간직하고 있었다. 사회주의는 혁명을 통해서 완수되기에, 그의 거절하는 대상/반 리비도적 자아는 분출할 통로를 찾은 것이다. 그러나 그의 삶의 자리는 목회자였기에 갈등이 있었다.

> 사회 思潮(사조)의 대세에 영향되는 바도 있어 용도는 점점 사회적으로 문화적으로 – 말하자면 인본주의 신앙에로 전락하는 경향을 보이고 있었다. 그래서 부임 초기 약 반년 동안은 자기도 모르는 동안에 사상적 위기 신앙적 타락의 상태에 빠져가고 있었다.[209]

그의 감성과 짝을 이루는 기독교 신앙과 그의 이성과 짝을 이루는 사회 사조 사이의 갈등이다. 또한 그가 담임하던 교회의 분열로 리비도 갈등은 더했을 것이다. 피터스의 변을 들어 보자.

> 시무언은 그곳에 갔을 때 하늘의 성찬을 거의 느끼지 못했다. 교회는 두 파로 나뉘어서 갈려 있었다. 한 파는 청년회 회장으로 있던 유원복에 의해 주도되었고, 다른 한 파는 교회학교장이었던 김석호의 인도를 받고 있었다.[210]

이용도가 갈등을 해결하는 방법은 적극적인 교회 치리가 아니다. 그러한 방법은 현대교회의 부패를 가져온 방식으로서 이용도에게는 속된 것으로 비추어질 수도 있다. 그의 성장기에 종종 그래왔듯이 어린 시절 어머니의 신앙으로 돌아가는 것이다. 그것은 곧 기도

---

209) 『전기』, p.34.
210) Victor Wellington Peters, op. cit., p.29.

로 몰입하는 것이다. 갈등의 시기에 신앙이 돈독하고 기도생활에 대하여 이용도와 의논할 대상으로 교회 청년 박재봉[211]을 만난 것은 내면화된 신앙으로 돌아가는 기회가 되었다. 박재봉은 이용도에게 좋은 대상으로 기능하였을 것이고, 함께 금강산 기슭에서 10일간의 금식 기도를 한다. 이때부터 이용도는 다른 사람이 되었다고 하는데, '생활하는 사람보다는 기도하는 사람이 되었고 말하는 전도자이기 전에 기도하는 기도꾼'[212]이 되었다고 한다. 이것은 그가 10대에 교회 종탑에 올라가 여러 시간 기도하고 철야한 것의 연속성이다. 페어베언은 이를 유아적 의존기의 내면화된 대상과의 관계로 보았으며, 그 관계가 좋은 경우 성숙한 의존으로 가게 된다. 기도는 내면화된 대상과의 관계이기에 성장기에 억압된 대상이 풀려나기도 하고 재억압되기도 한다. 후술할 이용도의 기도체험에서 마귀로 표상화되는 거절하는 대상이 풀려나면서 그의 리비도는 흥분시키는 대상으로 향한다. 이는 고난당하는 어머니의 신앙으로의 회귀라고 할 수 있다. 적어도 그 이전까지는 십자기 신비주의는 내면화되고 있었다.

---

211) 박재봉은 목회초기 이용도에게 있어서 신앙의 동역자라고 할 수 있다. 이용도는 그의 결혼 주례를 하였고, 함께 기도에 전념한다. 후에 이용도에게 보내는 그의 서신을 보면 현실 교회의 문제를 비판하고 이상적인 신앙을 추구한다는 점에 있어서 이용도와 교감이 오갔음을 알 수 있다. 박재봉과의 교제는 신학교 시절 농촌 천국을 꿈꾸는 이호빈과의 교제와 같은 선상에 있다. 이는 이용도가 이상화 대상을 외부대상으로 투사하고 그 대상과 관계를 가짐으로 나쁜 내적 대상으로 오는 불안을 극복하는 방식으로 볼 수 있다. 『전기』, p.35: 『서간』, 1929, 여름, 박재봉 씨에게, pp.215－217 참조.

212) 『전기』, p.36.

Ⅵ. 십자가 신비주의의 외면화

십자가 신비주의의 외면화

이용도의 공격성은 목회를 시작하면서 공격 대상으로부터 서서히 철수한다. 교회 담임자로서 이전의 반신반의하였던 신앙의 상태에서 전적인 신앙이 요청되었기 때문이다. 이때부터 어머니의 신앙을 회복한다. 이용도의 설교는 그의 회중을 회개와 통회와 열광주의로 이끌어 간다. 이와 같은 양상이 십자가 신비주의의 외면화이다. 목회 초기 승마체험에서 확신을 가진 후 통천 지역 부흥회를 거쳐, 전국적으로 부흥사로 명성을 얻던 시기를 통괄한다. 이 시기의 십자가 신비주의의 특징은 퇴행으로 고난 맞은편에 있는 적대자들의 분노가 드러난다. 그러나 퇴행은 곧 통합으로 가는 과정임을 상기해야 한다.

1. 승마체험 분석

내면의 분열과 교회의 분열로 고뇌하던 이용도가 기도에 몰입함으로, 나쁜 내적 대상들이 풀려나는 단서들을 발견할 수 있다. 1928년 그는 깊은 기도를 통하여 보다 깊은 무의식의 세계를 경험한다. 심리학적으로 깊은 기도의 세계는 무의식과 의식의 검열선을 완화함으로써 무의식의 범람을 일으킬 수 있다. 프로이트의 꿈 해석 원리에 따라 소망 충족과 죽음 본능의 원리가 생생하게 의식화되는 경험을 가질 수 있다. 그해 12월 24일 이용도의 승마체험은 현실과 환상의 경계선이 불명확하다. 하지만 그것은 그에게 매우 강한 인상을 남겼다. 이 환상은 피터스와 변종호 공히 기록하고 있는데, 전자는 간결한 반면 후자는 보다 복잡성을 띤다. 먼저 피터스의 기록을 보자.

어느 날 밤 시무언은 아무도 없는 교회에 기도하러 갔다. 바닥에 얼굴을 대고 어둠 속에서 기도하는 중이었다. 얼마쯤 시간이 흘렀을까. 용도는 갑자기 사탄이 창문으로 들어와 자기 옆으로 다가오는 것을 느꼈다. 차가운 땀이 교회 바닥에 떨어졌다. 그의 마지막 순간이 이미 온 것 같았다. 사탄의 무시무시한 얼굴이 점점 가까이 와서 마치 용도를 잡아 삼킬 것 같았다. 드디어 마지막 죽음의 순간에 그는 온 힘을 솟아 격렬하게 외쳤다: "여기서 떠나가라. 사탄이여." 그 순간 사탄은 발광하면서 다른 쪽 창문으로 사라졌다.

이후 즉시 용도는 홀로 기도하기를 계속했다. 그는 동일한 적대자(사탄)가 이 집 저 집 떠돌아다니면서 교인들의 지도자들에게 악한 생각을 심어주는 것을 본 것 같았다. 그는 어둠의 왕자가 밖으로 나가 유원복의 집으로 가는 것을 뒤따라갔다. 그 집 문 앞의 땅 위에 그는 다시 무릎을 꿇었다. 용도는 그와 같은 악마의 용모가 청년회 회장의 잠자는 얼굴 위로 떠도는 것을 볼 수 있었다. 그는 그 악마와 도덕적 싸움에 들어갔으며, 적이 물러날 때까지 싸움을 계속했다.

그때 멀리서 용도는 악마가 김석호의 집을 공격하는 것을 보았다. 그곳으로 그는 달려가서 다시 투쟁을 계속했다. 전투는 아침 내내 이 집 저 집으로 옮겨가서 교인들의 잠자는 몸체와 가슴 위로 이어졌다. 그 대적이 완전히 물러나자 시무언은 집으로 돌아와 늦은 잠을 청했다.[213]

다음은 변종호의 기록이다.

하루는 새벽 3시쯤 되어 자기 규례대로 용도는 또 성전으로 나갔다. 이때에 문득 깨달아지는 바가 있는 용도는 기도하기를 「아버지여 나의 혼을 빼어 버리소서. 그리고 예수에게 아주 미쳐 버릴 혼을 넣어 주소서 예수에게 미쳐야겠나이다. 예수에게 미치기 전에는 주를 온전히 따를 수 없사옵고 또한 마귀와 싸워 이기지 못하겠나이다.」라고 하는 것이었다. 이렇게 몇 시간을 지내고 있을 때 크고 까만 몸뚱이에 수족에는 삼지창 같이 검고 날카로운 손톱과 발톱이 있고 그 눈방울은 사발과 같이 큰 것이 둥굴거리고 이빨은 사자의 이빨 같은 것이 앙상이 드러나고 머리에 큰 뿔 둘이 있는 – 사람도 아니고 짐승도 아닌 – 생전 보지 못한 무서운 것이 나타나 머리맡에 서서 흉협도 하고 그 무서운 손을 내밀어 용도를 움켜잡으려고 하는 등살로 가슴이 서늘하고 소름이 끼쳐지는 농락을 하는 것이었는데 이 것이 즉 용도에게 나타난 마귀 그것이었다.

용도는 하도 무섭기도 하고 보기도 끔찍하여 몸을 돌이켰다. 그랬더니 그 놈은 또 몸을 움직여 용도의 눈앞에 와서 마주섰다. 그래서 용도는 몸을 좌편으로 혹은 우편으로 돌려 보았으나 그 괴물은 용도보다 먼저 앞질러 와서 마주 서는 것이었다. 그래서 용도가 움직이면 움직일수록 마귀는 기도를 방해하며 집어 삼킬 듯 덤빈다.

세상에 이런 험상궂은 무서운 것을 처음 보는 용도는 필사적으로 있는 용기를 다 내어 「아버지여 아버지여 아버지여」 울며 부르짖었다. 그리고 마귀를 향하여는 사탄아 사탄아 물러가라고 고함을 지르며 두 주먹을 굳

213) Victor Wellington Peters, op, cit., pp.29 – 30.

158

게 쥐고 마귀에게 대들었다. 이때에 자세히 보니 이런 마귀들이 성전에 가득차 있고 또 밖에도 많이 있어 그 머리들을 창문으로 들이 밀고 용도를 쏘아보고 있었다.

이러므로 용도는 주먹을 들어 마귀들을 내어 쫓느라고 덤비어들었다. 벽력같이 호령을 하며 고함을 지르며 퉁탕거리며 이리치고 저리 친다는 것이 바람벽을 부수며 유리창을 깨뜨렸다. 마귀는 형체가 없는 것이매 용도가 마귀를 친다는 것이 담벽과 유리창을 때릴 뿐이었고 용도의 손에는 피가 흐르고 손에 뼈가 어긋나고 부어오른다. 새벽 내내 있는 힘을 다하여 고함을 쳤으매 목을 쉬었고 밤새도록 홀로 혈전을 계속하였으매 기진맥진하였다.

이때 다시 눈을 들어 돌아보니 아직도 한 마리의 마귀 새끼가 방안에 남아 있어 나갈 구멍을 찾고 있다. …… 이에 용도는 날세게 뛰어나가 마귀를 추격한다. 시가로 달아나는 마귀를 그냥 쫓아가니 마귀가 어느집 대문으로인가 쭉 들어간다. 보니 그 집은 권사의 집임으로 용도는 달려가 …… 피 묻은 의복, 피 흐르는 손, 땀을 빼고 핼쑥해진 얼굴을 한 용도는 승리를 부르며 위엄 있게 걸어 집으로 돌아오는 것이었다.[214]

이 환상은 나쁜 내적 대상이 풀려나는 것과 이에 대한 이용도의 반응을 나타내 준다는 측면에서 매우 중요하다. 이 환상을 계기로 리비도 집중은 거절하는 대상 / 반리비도적 자아에서 흥분시키는 대상 / 리비도적 자아에로 전환된다. 이를 분석하면 다음과 같다.

첫째, 사탄이 등장하는 배경이 어두움이었음을 주시해야 한다. 전술한 1916년 1월 15일 승마체험도 밤에 일어났다. 1931년 8월 12일 황해 노회의 이용도 목사 처분 결의안 3조는 '불을 끄고 기도를 한다.'[215]이었다. 이용도는 불을 끄고 기도하는 방식을 택했던 것 같고, 이 같은 결의안에 대하여 이용도는 청중들이 옆 사람을 의식하지 않고 기도에 몰입할 수 있기 위해서라고 한다. 그리고 개인적

---

214) 『전기』, pp.37 – 38.
215) 『전기』, p.102.

인 경험과 관련해서도 "나의 경험상 어두운 가운데 나가서 늘 기도하는 때 그 어떠한 기괴한 공포와 싸우다가 이를 이기는 聖靈의 힘을 얻는 경험"[216]을 한다고 반론한다. 그러면 왜 그러한 공포와 투쟁을 유발하는 어두움을 택했을까? 프로이트는 쾌락이 아닌 고통을 반복하는 반복 신경증의 원인을 죽음본능 이론으로 설명했다. 즉 프로이트의 분석은 어두움이 이용도의 죽음본능을 자극함으로써 카타르시스 경험을 가져다 준 것으로 볼 수 있다. 반면, 두 본능 이론을 그의 정신분석적 개념으로 수용하지 않는 페어베언의 이론에 의하면, 성숙한 의존기 이전의 자아가 좋은 대상의 결핍으로 나쁜 대상으로 돌아간 것으로 볼 수 있다.

둘째, 이용도는 사탄 환상을 거의 실제와 같은 것으로 느끼고 있다. 피터스는 어두운 가운데 교회 창문으로 들어오는 사탄의 공포성을 언급하고, 변종호는 사탄의 외모를 보다 정교하게 표현함으로써 공포심을 더해 내고 있다. 변종호의 전기가 피터스의 것보다 23년 후의 기록임과 변종호가 이용도를 어느 정도 이상화하고 있는 점으로 보아 주관성이 좀 더 개입되었음을 추측할 수 있다. 아무튼 이용도 마음의 분열과 현실적인 교회의 분열이라는 위기의식에서 무의식의 나쁜 내적 대상이 사탄으로 옮겨지고 있음을 볼 수 있다.

셋째, 사탄의 행태를 바라보는 이용도가 환상과 동일시되어 있는지 현실감각을 유지하고 있는지의 양자는 서로 다른 견해를 가진다. 피터스는 '교인들의 지도자들에게 악한 생각을 심어 주는 것을 본 것 같았다.'라고 함으로써 환상과 이용도의 자아 사이에 거리를 둔다. 반면 변종호의 기록에서 환상과 현실의 구분이 모호하다. 마

---

216) 『전기』, p.103.

귀가 성전 가득 차서 이용도를 쏘아보고 이용도의 사탄 축출을 생생하게 표현함으로 이용도의 자아는 환상과 동일시된, 즉 병리적인 상태임을 보여 주고 있다. 그러면 이용도의 실제 경험은 어떠했는가? 1930년 2월 13일 무거운 짐을 지고 가는 자의 환상[217]과 1931년 8월 21일 부친을 감았던 대사의 꿈[218]에서 보여 주듯이 자신의 환상과 꿈에 대하여 해석을 한다. 비록 이용도의 꿈과 환상이 마치 사실처럼 그를 압도하는 것은 사실이지만, 해석의 도구를 활용하여 그 불안에서 거리 두기를 하는 능력을 볼 수 있다. 피터스는 환상 안에서 유원복과 김석호의 분열을 사탄의 행위로 묘사한다. 그것은 일종의 해석이 가미된 것으로 피터스의 기록이 보다 사실에 가까운 것으로 볼 수 있다. 반면 변종호의 기록은 교회의 분열을 사탄 자체로 봄으로 이용도에게 신비적인 요소를 가미하고 있다. 이러한 차이가 이용도 무의식을 탐색하는데 근본적인 변화를 가져다주지 않는다. 다만 이용도가 종종 나쁜 대상의 출몰로 편집 불안을 겪었을 것이라는 정보를 얻을 수 있다.

넷째, 사탄 축출의 방법이 투쟁하여 물리치는 것이다. 여기서도 피터스는 투쟁의 정도를 약하게 다루지만, 변종호는 강도를 높인다. 이것은 양자가 자신의 심리구조에 따라서 이용도의 이야기를 전하는 방식의 차이를 반영한다. 이용도는 나쁜 내적 대상을 인식과 통찰의 대상으로 보지 않고 투쟁의 대상으로 본 것은 그 나쁜 대상이 매우 위협적임을 알 수 있다. 이용도의 어록에 자주 언급되는 "이 땅에 마귀는 꽉 찼다."[219]라는 식의 마귀 이해는 자신의 내

---

217) 『일기』, 1930. 2. 13, pp.85 - 86.
218) 『일기』, 1931. 8. 21, p.147.

면세계 안에 범람하고 있는 나쁜 내적 대상의 출몰이다. 그리고 환상에서 그러했던 것처럼 현실에서도 세상은 마귀와 투쟁해서 승리를 따내야 하는 곳이 된다. 페어베언은 치료 상황에서 무의식에 내재화된 나쁜 내적 대상은 분석가인 좋은 대상을 내면화함으로 리비도가 용해되고 풀려난다고 했다.[220] 피를 흘리는 투쟁은 거절하는 대상을 반리비도적 자아가 공격함으로 용해가 아닌 억압하는 것이다. 이제 거절하는 대상은 억압되고 리비도는 또 다른 내적 대상인 흥분시키는 대상으로 집중한다. 위 환상은 이용도가 십자가 신비주의로 가는 전환점에서 그의 무의식을 보여 주는 중요한 사건이 된다. 그러나 억압은 근본적인 해결을 미루고 재출현의 기회를 엿본다. 이용도 십자가 신비주의 이면에 늘 따라 다니는 세상에 대한 분노와 마귀인식은 억압된 거절하는 대상의 재출현으로 분석할 수 있다.

2. 부흥 운동과 십자가 신비주의의 출현

전술한 환상 체험을 전환점으로 이용도의 리비도는 흥분시키는 대상에 집중한다. 페어베언의 성격 이론에서 나쁜 내적 대상은 외부로 투사되는데, 그때의 불안을 해소하기 위해서 투사적 동일시를

---

219) 『일기』, 1931. 3. 9, p.127.

220) W. Ronald D. Fairbairn, "The repression and the return of bad object(with special referecce to the 'war neuroses')(1943)", p.70.

사용한다. 이용도가 사용하는 투사적 동일시는 도덕적 보상에 따른 죄책감을 담고 있기에 청중들을 회개와 통회로 이끄는 강력한 힘을 가진다. 다음은 환상체험 다음 날인 1928년 12월 25일 성탄절 예배 상황이다.

> 용도가 강단에 올라가니 몇 마디 말을 하지 않았는데 어느덧 성탄절이라고 해서 많이 모인 사람들이 통곡하며 거꾸러지는 것이었다.[221]

청중과 눈물로 하나 되는 투사적 동일시는 신학교 시절 강동체험과, '십자가를 지는 사람들' 연극 공연과 동일 선상에서 이해할 수 있다. 이용도의 죄책감은 청중들의 무의식적 죄책감을 불러일으키기에 충분했다. 청중은 설교자와 하나 되고, 신앙의 대상인 고난당하는 그리스도와 하나 되는 종교적 카타르시스를 경험했을 것이다. 이런 이유로 이용도의 부흥회가 초기에는 메마른 예배에 생기를 불어넣어 주고 부흥에 공헌하게 된 것이다.

1929년 1월~2월에 걸쳐 통천 주변 20여 교회의 부흥회를 인도하고, 그해 8월 23일 일기에 다음과 같이 고백한다.

> 방황하던 나는 이제야 나의 길을 찾았나이다. 이제는 전 심력을 다하여 그길로 달음질 할 따름이외다. …… 그 길이란 곧 예수님이 밟으신 길입니다. 나는 그냥 믿고 그 길로 따라 나가려나이다. …… 그것도 주님을 따르노라 받는 욕이니까요.[222]

예수님이 가신 길은 고난의 길이다. 그 길을 가기 위해서는 자신

---

221) 『전기』, p.39.
222) 『일기』, 1929. 8. 23, p.51.

은 욕을 받아야 한다. 욕을 받는 것은 곧 주님을 따르는 자신의 길
임을 확신하고 있다.

저녁 6시가 되어서 경성역에 내렸다. 모든 꼴이 다 눈에 틀리는 구나.
저것들을 다 어쩌면 좋을까?
죽음의 물결위에 산 시체들이 떠다니는 꼴.[223]

생생하게 표현된 죽음 본능의 표현이다. 편집 불안과 좋은 대상
부재의 우울함이 외부로 투사되고 있다.

오-주여 나는 큰 죄를 범하였나이다. 내가 일전에 안국동을 지나다가
본 그 할머니, 전신주 앞에 넘어져가는 그 할머니, 숨이 턱에 닿아 오르고
수족이 힘을 잃어가는 그 가련한 할머니를 나는 그냥 버리고 왔나이다.
…… 그 죄로 나는 괴롭습니다. 언제까지 나는 괴롭습니다. 이 죄의 값을
나는 언제까지 받을 것입니다. 나는 불안합니다. 나는 괴롭습니다. 나는 무
겁습니다. 나는 언제까지 이런 지옥에 살 것일까요. 죽을 수 밖에 없는 나
를 용서하시고 건져 주세요. …… 다만 그 계획에 고요히 순종하려고 가
옵니다.[224]

고난당하는 할머니는 고난당하는 어머니이다. 어린 시절 고난 때
문에 이용도에게 좋은 대상으로의 기능을 충분히 하지 못했던 어
머니, 그 어머니가 전이 안에서 길가에 버려진 할머니로 재경험된
다. 그러면서 어머니가 나쁜 것이 아니라 어머니를 방치한 이용도
자신이 나쁘다. 즉 이용도는 무의식 안에서 어머니인 할머니를 방치
한 죄인이다. 죄인 된 그는 그리스도의 좋은 면과는 분리되어 있다.

---

223) 『일기』, 1929. 9. 1, p.52.
224) 『일기』, 1929. 9. 7, pp.54-55.

1930년 1월 덕적도 부흥회에서 철저한 사회주의자 김광우[225]를 회심시킨다. 그리고 2월 13일 환상 체험은 이용도의 길을 재차 확인시켜 주는 내용을 담고 있다.

> 나는 어드메인지 길을 가고 있었다. 그 길은 험로요, 또 때는 캄캄한 밤 중이다. 모퉁이를 지나 올라가니 고개를 넘어 갈 것이었다. 나의 마음은 두려웠다. 그리고 또 외롭고 쓸쓸하였다. 그러나 나의 한 쪽 손에는 회중 전등이 쥐어져 있고 한쪽 손에는 단총 같은 것이 쥐어있는데 그 단총 같은 것은 총구로부터 불이 나와 전등과 같이 어두움을 직사한다. 고개를 넘어 가는데 내 뒤에는 발자욱 소리가 있기에 돌아보니 무엇이 오고 있다.
> 두 손에 쥔 불을 쏘아 비쳐보니
> 아 – 가련한 인생! 그 캄캄한 밤에 그 험하고 높은 고개에 태산같이 무거운 짐을 지개에 걸머지고 올라온다. 거기에 두 길이 있는데 고개에 올라온 그는 빛없는 저 쪽 길로, 인가가 어딘지도 모르는 그 길로 무거운 발자욱을 옮겨놓고 있다.
> 오 – 가련한 인생이여 무슨 짐을 그리 무겁게 졌는고! 그리고 가는 곳은 그 어드멘고![226]

이 시기에 계속적인 부흥회를 인도하면서 성도들에게 통회의 은혜를 끼치면서도, 환상에 나타난 이용도 자신의 정서는 우울하다. 이 환상은 심리 내면의 구조, 즉 3개의 자아와 대상을 명료하게 보

---

225) 김광우는 사회주의자로서 일생을 바치려고 마르크스 유물변증법적 철학 속에 몰입되어 있던 자로서 이용도의 회개 설교를 통해서 입신하고 회심한다. 그 후 김광우는 협성 신학교를 졸업하고 서울 북지방 감리사, 중부연회장, 정동제일교회 담임을 역임한다. 김광우가 1932년 8월 22일 이용도에게 보낸 편지를 보면 그는 회심 이전에 사회주의의 극단을 추구하고 있었음을 알 수 있다. 이는 이용도와 리비도가 투여되는 표상은 다르지만 분열성 성향의 일반적인 특징을 어느 정도 공유함을 의미한다. 그는 십자가 고난과 죄의식을 강조하는 이용도의 설교에 리비도의 방향 전환이 이루어졌다. 즉 사회주의자에서 기독교 신앙으로 방향전환 한 것이다. 이후에도 이용도는 그에게 여러 통의 서신을 보낼 정도로 절친한 사이가 되었다. 변종호 편저, 『이용도 목사 전집·서간집: 고는 나의 선생』(서울: 장안문화, 2004), pp.297 – 303. 참조.

226) 『일기』, 1930. 2. 13. pp.85 – 86.

여 주고 있다. 어두움은 이용도의 다른 환상체험에서 그러하듯이 나쁜 내적 대상의 출현과 관련이 있다. 어디인지 알 수 없는 길을 가고 있는 나는 리비도적 자아이다. 무거운 짐을 걸머지고 올라오는 자는 이용도 자아의 부분이면서 동시에 흥분시키는 대상이다. 어두움을 비추는(혹은 몰아내는) 한쪽 손에 든 회중전등은 중심 자아이다. 빛 없는 저쪽 길 맞은 편, 즉 어두움의 일부이거나 의식으로 충분히 분화되지 못한 부분은 이상화 대상이다. 또 다른 손에 든 단총은 내적 파괴자인 반리비도적 자아이다. 단총으로 직사된 어두움은 거절하는 대상이다. 그러면 3개의 자아 / 대상의 짝 중에 어느 곳으로 가장 많은 리비도가 투여되는가? 이용도는 어딘지 모르는 무거운 길로 발자국을 옮긴다. 즉 결코 만족을 주지 못하는 흥분시키는 대상의 측면을 선택한다. 환상 후 이용도 자신의 해석으로 보이는 '오-가련한 인생이여 무슨 짐을 그리 무겁게 졌는고! 그리고 가는 곳은 그 어드멘고!'라고 느낌을 기술한다. 이것은 자신에게 결코 만족을 주지 못하는 십자가 길에 대한 기본적인 정서를 담고 있다. 그가 자신의 길로 찾은 십자가의 길은 참된 자기 표상이 아니라, 분열된 내적 대상이다. 그러기에 그의 무의식 안에서 십자가는 곧 가련한 인생의 길이 된다. '저희가 요구하는 예수는 육의 예수, 榮의 예수, 富의 예수, 高의 예수였고, 예수의 예수는 靈의 예수, 賤의 예수, 貧의 예수, 卑의 예수니라.'[227]

1930년 2월 26일부터 3월 9일까지의 평양교회 부흥회를 인도하는데, 모 씨가 증언하는 설교의 요지는 다음과 같다. 첫째 밤, 인생의 죽음에 대한 설교이다. 죽음을 모르는 인생을 탓한다. 둘째, 예

---

227) 『일기』, 1930. 2. 20, p.87.

수의 죽음에 대한 설교이다. 셋째 밤, 예수의 사랑에 대한 설교이다.[228] 설교 주제 자체는 평범하지만, 분위기는 매우 열광적이었음을 알 수 있다.

> 천여 명 군중은 그저 울음이다. 수천의 눈은 그저 눈물이다. 목석도 이 자리에서는 울지 않을 수 없을 것이다. 나도 울었다. 그저 울었다. …… 실컷 울다가 얼굴을 드니 강단에 선 이 목사는 보이지 않고 공중에 서 있는 십자가와 거기에 달린 주님만이 내 눈에 보이는 것이었다.[229]
> 큰 장마 후에 개천마다 물이 가득 차는 것같이 이 날 밤에는 눈물이 더욱 예배당에 차고 넘치는 것이었다.[230]

> 이 목사님의 설교는 …… 사람의 심중을 콕콕 쏘아 人心을 찌르고 갈라놓은 고로 그 설교 앞에서는 죄를 두고는 참을 수 없고 흐린 마음은 눈물을 흘리지 않을 수 없는 것이다.[231]

설교가 매우 설득력 있었고 청중들은 거기에 몰입되어 있었던 것을 알 수 있다. 다음은 위 부흥회에서 행한 이용도 자신의 신앙 간증이다.

> 내가 이렇게 주의 일을 위하여 나서게 된 것은 오직 나의 어머니의 신앙과 기도의 힘이올시다. 우리 어머니는 주를 믿기 위해서 목도 여러 번 매려했고 서슬 사발도 여러 번 잡았답니다. …… 나의 어머니는 자기의 신앙을 위하여, 친척과 자녀들의 신앙을 위하여, 참으로 애도 많이 쓰시고 울기도 많이 하시고 기도도 많이 하셨습니다.[232]

---

228) 『전기』, pp.41 - 43.
229) 『전기』, p.42.
230) 『전기』, p.43.
231) 『전기』, p.46.
232) 『전기』, p.47.

이용도에게 있어서 내면화된 어머니의 표상이 곧 고난당하는 그리스도의 표상이 됨으로 현실을 부정한다. "누님, 세상을 버리십시다. 그리고 온전히 천국에 살으십시다. 육을 버리고 영에 삽시다."[233], "나는 구역을 맡아 교회 정치를 한편으로 보며 전도를 한편으로 하는 이런 것은 나의 사명이 아니라고 느끼어집니다. 나는 구역 담임을 내놓아야 하겠나이다."[234] 나쁜 대상 이 출몰된 세상에는 의미와 가치가 없다. 분열성 성격의 종교적인 특징은 종말론적인 신앙을 추구하는 것이다. 그곳이야말로 세상의 고민에서 유약한 자아가 쉴 만한 곳이기 때문이다. 종말에 구원받기 위해서는 엄격한 초자아의 지배를 받아야 함으로써, 자신을 비하하고 십자가와 동일시를 이루려 한다.

> 주께서 탄식하셨으매 나도 거리를 내려다보고 탄식합니다. 오 주의 모든 것은 나의 모든 것이 되어지이다.[235]

3. 전국적 부흥운동과 십자가 신비주의의 확립

이용도식 부흥회는 그가 제 구역은 돌보지 않고 타 구역과 타 교단을 다닌다는 논란으로 확산되었다. 이러한 논란을 해결하기 위

---

233) 『서간』, 박정수 씨에게, 1930년 봄, p.20.
234) 『서간』, 박정수 씨에게, 1930년 봄, p.26.
235) 『서간』, 박정수 씨에게, 1930년 봄, p.26.

해서 1930년 10월 16일 감리교단은 이용도가 주일학교 사업에 소질이 있다는 이유를 들어 주일학교 연합회 간사로 발령을 냈다. 내적 대상에 몰두해 있던 그에게 행정 조직의 일을 한다는 것은 어울리지 않는 일이었다. 변종호는 이용도의 발령을 "멧새를 새장 안에 가두어 놓는 것"[236]이라고 했다. 피터스는 "전국 각지에 있는 주일학교 단체들은 시무언을 사방팔방으로 몰아쳤다."[237]라고 함으로써 강습회를 부흥회로 대체하는 이용도 방식에 회심의 열매와 갈등이 파생됨을 예고했다. 이러한 갈등은 교단 본부의 직원 기도회[238]에서 표면화되었다. 이후 또 다른 주일학교 강습회 중에 거의 모든 강습생이 이용도의 과목을 수강한다. 아마도 회심을 강조하는 부흥회 방식의 강습회가 그들에게 더 큰 은혜가 되었음을 짐작할 수 있다. 그러나 주최 측과 일련의 갈등을 가져오면서 나오지 말아 달라는 말을 듣는다.

정신분석에서 좌절을 경험하게 되면 억압이 풀리면서 고착된 지점으로의 퇴행이 일어난다.[239] 주일학교 연합회 간사 일을 보면서 일련의 좌절 경험들은 퇴행에서 오는 환상[240]을 불러일으킨다. 감리교단에서는 주일학교 강습회의 논란을 수습하기 위한 조치로 1931년 5월 그를 경성지방 순회 목사로 파송한다. 이때부터 그는 오직

---

236) 『전기』, p.57.

237) Victor Wellington Peters, op, cit., p.54.

238) 이용도가 주일학교 연합회 간사 발령 직후, 총무인 허대전 목사의 선처로 직원 기도회를 인도하게 된다. 그러나 그 방식에 있어서 직원들은 "이건 주일학교 연합회냐?", "부흥회냐"라며 불평을 했다. 『전기』, p.57: 『일기』, 1930. 10. 17, p.95.

239) 반신환, "프로이트(S. Freud)의 연구 방법론은 타당한가?", 『지도상담』 제23집(대구: 계명대학교 학생상담 연구소, 1998), p.45.

240) "Ⅲ. 십자가 신비주의의 형성" 각주 71번과 분석 참조.

기도하면서 주님의 지시만을 받기로 한다. 그리고 자신의 호를 '是無言 – 말하지 않는 것이 좋다.'[241]라고 했다. 이용도는 이러한 사태에 대하여 이성적 판단에 따라 처신했다기보다는 초기 발달과정의 고착 지점으로 퇴행을 한다. 좌절을 경험할 때마다 현실과 대상관계로 나아가기보다는 내적 대상으로 몰입하고 이상세계로의 철수를 시도하는 방식을 택한다.

가고 오는 것 어느 교회에 가서 몇 날 집회를 하고 안 하는 것 등 모든 것을 오직 기도를 통해서 내리우시는 주님의 지시에 의해서만 동하고 정하기로 하였다.[242]

1931년 이용도는 전국적으로 고조되는 인기 속에 20여 차례 부흥회를 인도한다. 그가 어떻게 십자가 신비주의를 확립해 가는지, 그리고 그것을 심리학적으로 어떻게 분석할 수 있는지 살펴보자.

1) 황해도 재령 집회(1931년 2월)

폐병 말기의 쇠약한 몸과 연이은 부흥회로 목이 잠겨 통역을 세운 집회였다. 그러나 성령의 은사가 크게 임한 역사로 기록하고 있다. 그가 회중들과 주고받은 것은 예수 십자가 고난의 눈물이었다. "나는 말로 다 할 수 없어 눈물만 흘리노라. 이 눈물은 오늘의 나의 설교로다."[243] 그의 눈물은 예수 고난의 눈물과 동일시되어 있

---

241) 『전기』, p.66.
242) 『전기』, p.67.
243) 『일기』, 1931. 2. 28, p.123.

다. "보라, 말 없는 예수를! 그러나 그 말 없는 위대한 설교를 들으라. 겟세마네 동산에서 흘린 피땀과 더운 눈물은 모든 인간의 영에 호소하는 예수의 진실한 설교로다."[244] 자신과 예수가 감정적으로 동일시되고 나면 그 경계가 모호해진다. "이 설교를 듣는 자 복될 것이요, 듣지 않는 자 영원히 저주를 받으리라."[245] 자신의 설교를 역사적 예수의 설교와 사실적으로 동일시하지는 않지만, 감정적으로는 경계가 불분명해진다. 이것을 청중들에게 밀어 넣어 강력한 카리스마와 함께 예수와 이용도와 청중들이 하나 된다. 한 신자의 간증을 들어보자. "말소리는 도무지 안 들리는데……여기저기서 흐느끼는 울음소리가 들린다. 울음소리는 차츰 차츰 높아져 간다."[246] 그리고는 여기 저기 죄를 뉘우치는 통곡의 눈물바다를 이룬다.

예배 마친 후 한 직분자가 목이 쉬었는데 약이라도 써 보지 왜 내버려 두었느냐고 하며 여러 가지 약을 권했다고 한다. 이에 이용도의 반응은, "내가 말을 못 한다면 그것도 주님의 뜻일 것이올시다. 말을 못 하게 하여서 당신의 역사를 나타내시려는 것이니 구태여 약을 쓸 필요가 없다."[247]이었다. 이용도에게 그리스도는 이상화된 내적 대상으로 현실성과는 거리감이 있다. 이용도 역시 암울한 시대에 청중들의 요구에 따라 이상화된 대상이 됨으로 그들을 만족시키기에 충분했다. "참말 그이는 사람이 아니야. 그는 성자야. 그는 성신이야. 그는 예수야. 그는 요한이야……."[248]라는 항간의

---

244) 『일기』, 1931. 2. 28, p.123.
245) 『일기』, 1931. 2. 28, p.123.
246) 『전기』, p.74.
247) 『전기』, p.74.
248) 『전기』, p.71.

말들은 이용도가 청중들의 무의식적 요구에 이상적으로 부응하고 있었음을 알 수 있다. 재령 집회를 마친 때에 이용도의 사진이 수일에 1,000여 장이 팔렸다는 설은[249] 다소 과장이 되었다 하더라도 십자가 고난을 설교하는 이용도가 회중들의 죄책감을 불러일으키고 회개시킴으로써 얼마나 강력하게 이상화된 인물이 되었는지 알 수 있다.

2) 경남 거창 집회(1931년 3월 4일~13일)

집회 초기 교인들에게 감동이 없는 것 같다. 은혜가 없는 이유는 저희들이 성령을 따르지 않고 저희 방법을 따르기 때문이라고 한다. 이용도 자신이 불만스러운 것은 곧 성령을 슬프게 하는 것과 동일한 것이 된다.[250] 감동을 주는 성령과 자신이 감정적으로 동일시된 것이다. 이용도는 이곳 교인들에게서 휴식을 제공받는데, 휴식을 누리는 자신을 정죄한다. 편안함은 초자아가 허락지 않는 일로서, 그날 일기에서 선교사들의 교만함에 대하여 지적한다. 이것은 선교사들처럼 대접을 받으려는 자신을 정죄하는 것과 같은 맥락이다.

> 아, 선교사들의 교만함이여 너희가 화 있으리로다. 겸비하여 배울 줄을 모르고 남을 인도하고 가르치는 자로만 자처하였으니[251]

---

249) 『전기』, p.81.
250) 『일기』, 1931. 3. 6, p.125.
251) 『일기』, 1931. 3. 7, p.125.

선교사들의 교만은 부흥사로 유명해져서 대접을 받는 자신의 교만이다. 가르치려는 자로만 자처하는 자도 이용도 자신이다. 이들은 또한 복음서에서 예수를 죽인 유대교와 대제사장들과 동일시된다. 편해지는 것, 좋은 대상이 되어 대접받는 일은 그에게 어색하다. 예수를 죽인 무리와 선교사들에 대한 증오는 내적 파괴자가 자기 자신에게 향하는 공격성이기도 하다. 참회만이 은혜이다.

> 예배를 마친 후 40~50명 가량 남아 있어 기도하였다. 저희들은 심히 애통하며 기도하였다. 오-주여 어찌 우리를 버리시나이까. 주여 저희들의 죄악을 긍휼히 여기시고 돌아보아 주옵소서 …… 나는 나의 부족함과 악함을 뉘우치고 저희는 죄-성신의 뜻보다 인위만을 쫓는 저희의 죄를 알았다.[252]

이런 식으로 통회의 눈물로 어우러지는 분위기를 이용도는 주의 감동으로 본다. 눈물은 불로 이어지고 회중들은 열광한다. 시간이 갈수록 철야자들이 늘어난다. 이성의 분별력이 약화되는 상황에서 설교자와 회중은 퇴행한다. 거창 부흥회 제5일째, 3월 9일 이용도의 설교는 억압된 무의식의 분출이다.

> 이 땅에 마귀는 꽉찼다. …… 패역하고 교만한 악마의 세계! …… 밤이로다. 창과 칼이로다. …… 어둠의 세력은 지나간다. …… 모든 악과 불의는 다 밤과 같이 영원히 갔다. …… 임금이 오시니 어린 왕 예수시다.[253]

이상화 대상과 거절하는 대상이 양극으로 분열되어 있다. 마귀를 거절하고 예수를 맞이하기 위하여 그의 초자아는 십자가 신앙으로

---

252) 『일기』, 1931. 3. 7, pp.126.
253) 『일기』, 1931. 3. 9, pp.127-128.

몰아간다. 은혜가 넘쳤다는 거창 5일째, 재령 집회에서 회심한 변종호에게 보낸 편지 서두를 보자.

이용도에게 있어서 부활의 영광은 모든 밤과 악이 사라진 종말에야 오는 것이다. 지금 여기서 부활의 은총에 참여하는 것은 사치이다. 스스로 주의 영을 감탄하면서도 그는 이상하리만큼 십자가로 회귀한다.

3) 서울 아현 성결교회 집회(1931년 9월 28일~10월 4일 예정)

이용도 목사의 명성과 더불어 한편에서는 반대세력도 등장하기 시작한다. 그들이 비판하는 요점은 다음과 같다. 첫째, 교회와 교직을 지나치게 공격하는 이용도는 무교회주의자다. 둘째, 역사적 예수의 고난을 어떻게 문자 그대로 따를 수 있는가? 셋째, 부흥회가 남기고 간 열광주의는 현실 감각을 잃어버리게 한다.

1931년 6월 8일~12일 평양 남문 밖 교회 집회에서 이용도의 무교회주의를 감찰하기 위해서 온 길선주 목사 일행[255], 그들도 오해를 풀고 함께 통회했다고는 하지만 이는 이용도 시비가 노골화되

---

254) 『서간』, 변종호 씨에게, 1931. 3. 9, pp.39 - 40.
255) 『전기』, p.92.

기 시작한 것을 의미한다. 장로교 황해 노회는 이용도의 재령 부흥 회부터 감찰하여 문제를 제기한 후, 그해 8월 12일 이용도 축출을 위한 매장 결의안256)을 공의회에서 통과시킨다. 이용도는 여기에 대하여 일일이 반박하지만, 좌절 경험을 했을 것이다. "나는 말하지 않고, 즉 이론하지 않고 그냥 살렵니다. 말할 자가 아니고 사는 자가 되어 최대의 축복을 느낄 따름입니다."257) 이것이 갈등을 다스리는 방식으로서의 是無言이다. 1931년 8월 21일 선천 집회의 꿈258)에서 그의 갈등은 명확해진다. 전술한 바와 같이 '부친을 감았던 큰 뱀' 꿈은 나쁜 내적 대상에서 오이디푸스로 이어지는 공포와 그것을 거절하고 억압하는 측면이다. 이용도가 큰 뱀을 마귀의 세력이 하나 거꾸러진 것으로 해석하는 것처럼 그는 위기의 순간마다 그에게 좌절을 주는 대상, 마귀로 표상되는 거절하는 대상을 물리쳐야만 하는(억압하는) 불안을 가지게 된다. 억압한 것이 되돌아오면 불안에 대한 방어259)로써 그리스도의 십자가에 자신을 1차

---

256) 황해 노회에서 이용도 처분안으로 가결된 사항은 다음과 같다. 1. 이용도는 재령교회를 훼방한다. 2. 여신도들과 서신 거래를 자주한다. 3. 불을 끄고 기도를 한다. 4. 교역자를 공격한다. 5. 「성서조선」 이란 잡지를 선전한다. 6. 그러니 무교회주의자요, 교회를 혼란케 하는 자이니 황해 노회 지경 안에서는 청하지 말자. 결의안 자체가 신학적으로 검증된 것이라기보다는 구설수와 감정에 의존했음을 보여 주고 있다. 이에 대한 이용도의 반박은 다음과 같다. 1. 나는 교회를 훼방하려는 데 본의가 있지 않다. 겸비와 義와 仁에 살기를 바란다. 2. 서신 관하여는 잘 모른다. 3. 소등 기도는 기도에 집중하고자 하는 나의 습관이고 다른 사람들도 기도에 몰입하게 해 줄 수 있다. 4. 개인적으로는 그들을 존경하나 그것은 주님의 일로서 죄와 회개는 달게 받아야 한다. 5. 절대 가치를 부여한 것이 아니라 참고하라 한 것이다. 『전기』, pp.101–104: 『서간』, 김인서 씨에게, 1931. 10월 중, pp.78–81. 참조.

257) 『서간』, 김인서 씨에게, 1931. 10월 중, p.81.

258) 『서간』, 이호빈 씨에게, 1931. 10. 7, p.67.

259) W. Ronald D. Fairbairn, "The repression and the return of bad object(with special referecce to the 'war neuroses')(1943)", p.75. 참조. 페어베언에 따르면 억압된 나쁜 대상이 풀려날 때 환자의 증상이 나타난다고 한다. 환자는 방어를 하게 되고, 더 이상 방어할 수 없을 때 분석가를 찾는다고 한다. 이용도에게 나쁜 대상의 출현은 십자가로만

적 동일시해 버린다. 이것은 하나의 증상과 같은 것이다.

아현 성결교회 부흥회에서도 교회와 교리 비판, 교직공격, 십자
가에 대한 일차적 동일시 추구, 회중들과 하나 된 통곡의 방식으로
진행된다. "교인들이 통곡하며 옷을 찢고 우리 집이 부흥회 장소가
되어 연달아 남녀가 와서 울며 기도하며"[260]애통하며 자복한다. 이
로 인해 많은 사람이 감동을 받음과 동시에 문제점도 제기되는바,
그 열광성과 무절제로 인해 10월 2일 밤 교회 측으로부터 축출을
당한다. 신학교 부흥회에서도 학생들의 열광적인 기도 운동으로 학
교 질서에 문제가 되면서 이용도는 거절당한다. 거절당함으로 나쁜
내적 대상의 출몰은 종말론적 신앙의 위기로 몰고 간다. 종말에서
승리하는 신앙은 예수와 같이 십자가를 져야 한다.

> 나 자신이 죽는 날에 우리의 완성이 있사외다.
> ……
> 여기서는 주께서 나를 찢어 저들에게 살과 피를 먹이실려는지 모르겠나
> 이다.[261]

4) 경남 사천 집회(1931년 10월 12일~19일)의 환상 분석

다음은 집회 첫날 기도 중 얻은 환상이다.

몰입하는 증상과 같이 나타난다. 그리고 환자가 이상적   대상인 분석가를 찾듯이 이용도
는 이상화된 대상으로 그리스도를 찾는다. 분석가는 환자에게 좋은 환경과 공감, 그리고
분석을 제공함으로써 치료한다. 그러나 이용도는 분석가가 환자에게 제공하는 것과 같은
좋은 대상과 자신의 무의식에 대한 해석을 제공받을 수 없었다.

260) 『전기』, p.97.
261) 『서간』, 이천농 씨에게, 1931. 10. 13, p.71.

　　밤에 내가 한 묵시를 얻으니 내가 어떤 집회를 인도하게 되어 강단에
섰는지라. 웃옷도 안 입고 저고리도 안 입고 수치스러운 줄 모르고ㅡ. 설
교도 되지 않고 기도도 되지 않으나 그러나 성신의 도우심이 언제든지 나
타나리라는 신념을 가지고 지내더니 얼마 후에는 좀 힘이 생기어 설교를
시작할 때 어떤 청년들이(그들은 예전에 석교 예배당에서 나에게 배우던
주일학교 생도들이었다) 나를 붙들어 포박하는 것이었다.
　　내 팔을 뒤로 묶이고 윗몸에는 속샤쓰 아랫몸에는 해수욕복 같은 것을
입었을 뿐이라. 채찍으로 머리와 등과 다리를 때린다. 그러나 머리칼 오라
기로 때리는 것 같아 아픔을 느끼지 않게 됨이 이상하였다. 만인의 멸시
중에서 예수님 십자가를 지고 나가실 때의 형상을 느끼면서 무리들 앞으
로 나아갔다. 큰 도시의 대로를 지나서 얼마쯤 나가다가 넘어졌는데 뒤에
서 그 악당들이 마치 대포를 놓는 것 같이 무엇으로 쏘는데 그 속으로는
불이 나와서 나의 등에 펌프질을 하는지라. 나는 길에 넓적 엎드려 뱀같이
기어 달아나려 했으나 잘 안되었다. 그러나 어떻게 몸을 빼어 도망칠 새
이 골목 저 골목을 지나 어떤 작은 집의 문으로 들어가 부엌을 지나 뒷밭
에 가 시체와 같이 엎드러져 있더니 옆에 길로 그 악당들이 따라와서 무
한히 멸시하고 가는지라. 거기서 나와 어느 산으로 뛰어 올라갔다. 깨어보
니 秋夜一夢.
　　너무도 신기하야 「오ㅡ주여 나에게 십자가를 지워주시겠나이까. 그러나
나는 그처럼 도망가는 자식이로소이다」하고 탄식하다.[262)]

　전국적 부흥사로 한편 열광적 지지를 받은 그의 무의식은 불안
정하다. 왜 그럴까? 반대 세력에 대한 두려움으로 압도되고 있기
때문이다. 설교자가 강단에서 웃옷과 저고리를 입지 않았다는 것은
보호받지 못한 불안과 초기 환경실패를 반영하는 것으로 볼 수 있
다. 목사에게 설교와 기도는 중심 자아의 중요한 기능이다. 설교와
기도가 안 된다는 것은 불안한 중심 자아의 상태이다. 좌절 중에
나타나는 상처 입은 자리로의 퇴행이다. 하지만 수치스러운 줄 모
름은 그의 지지자들에 의하여 지지받고 있었음을 암시해 준다. 자

---

262) 『일기』, 1931. 10. 12, pp.152ㅡ153.

신의 취약함을 성신께 의지함은 이상화 대상의 측면이다. 이러한 경험은 통합을 위한 중요한 경험이라 할 수 있다.

이상화 대상을 설정하면서도 그것이 내면화에 머무르기에, 편집적 자리로의 퇴행이 일어난다. 누군가 포박하고 때리고 대포를 쏜다. 그러한 나쁜 대상(청년)이 그에게 가르침을 받았던 주일학교 학생이었다는 것은 유의할 만하다. 이용도는 주일학교 사업에 관심이 많았고 재능도 있었다. 어린이들을 위한 성극 대본을 쓰기도 하였다. 여기에 대하여 두 가지 해석이 가능하다. 첫째, 그들이 악당이 된 것은 이용도가 더 이상 마귀의 세력을 두려운 것으로 느끼지 않았다는 것이다. 즉 내면화된 나쁜 대상을 인격 안으로 통합하는 과정으로 해석할 수도 있다. 악당의 채찍을 아프지 않게 느끼는 것은 이러한 해석을 논증해 줄 수 있다. 그러나 꿈의 후반부에서 악당이 더욱 두려운 존재로 부각되므로 통합으로 보는 것은 무리이다. 둘째, 페어베언은 꿈속에 나타나는 모든 대상은 객체와 주체(자아, 초자아, 원본능)의 일부로 볼 수 있다고 했다.[263] 이용도가 주일학교에 관심이 많았다면, 꿈속의 청년은 주일학교 학생으로 이용도 자신의 일부이다. 끔찍하게 두려운 대상이 친근한 대상으로 전치됨으로써 불안을 완화시키고 있다. 방어가 효과적으로 작용해 악당들의 매가 아프지 않다. 그러나 정작 자신은 악당들의 대포에 도망 다니며 불안해하고 두려워한다. 즉 나쁜 내적 대상을 다루는 그의 방식을 말해 주고 있다.

계속되는 꿈의 드라마는 이용도가 공격당하는 자가 되고 있다. 이

---

263) W. Ronald D. Fairbairn, "Endopsychic structure considered in terms of object - relationships(1944)", p.99.

것은 이용도 자신의 내적 파괴자이다. 편집증의 가학성과 피학성이 풀리면서 그 불안에 대한 방어로서, 이용도의 방식대로 십자가를 지는 자가 된다. 하지만 악당의 공격이 계속되고, 그 대상으로부터 살아남기 위하여 자신이 나쁜 존재가 되어야 하는데 그것이 뱀과 시체처럼 엎드린 모습이다. 그리고 나서야 악당은 멸시를 하고 가 버린다. 즉 악당의 나쁨을 자신이 감당함으로써 겨우 그 고통을 피할 수 있었던 것이다. 그리고 산에 오르는 것은 이상적 대상의 추구이다.

요약하면 다음과 같다. 첫째, 자신을 공격하는 청년은 거절하는 대상의 측면임과 동시에 분노하고 공격하는 내적 파괴자이다. 둘째, 만인들이 멸시하는 예수님의 십자가는 흥분시키는 대상이고, 그것을 느끼고 힘겹게 나가다가 쓰러지는 것은 리비도적 자아이다. 셋째, 성신과 산은 이상화 대상이다. 성신을 통해 힘을 얻고 산을 향해 올라가는 것은 중심 자아의 측면이다.

이 환상에 대한 이용도의 연상은 '오-주여 나에게 십자가를 지워주시겠나이까, 그러나 나는 그처럼 도망가는 자식이로소이다.'이었다. 즉 십자가에 대한 소명과 그것을 두려워함으로 오는 죄책감을 담고 있다. 이 꿈 역시 페어베언의 이론에 따른 3중 자아/대상의 분열을 여실히 보여 주고 있다. 그리고 그의 리비도는 그리스도의 십자가로 집중되는데, 도덕적 보상은 그의 길을 더욱 확립해 주고 있음을 알 수 있다. 결국 이용도의 신앙고백은 고난의 고백이 될 수밖에 없는 구조를 가지고 있다.

1. 고(苦)는 나의 선생, 고통이 올 때 그것에서 배우는 것이 평안할 때 보다 더 배우는 것이 많으며 또 참된 진리를 배우게 됩니다.

2. 빈(貧)은 나의 애처(愛妻) 가난함은 나의 사랑하는 아내같이 나를 떠나지 않나니 나는 건방진 부보다 착한 가난을 사랑할 수밖에 없습니다.
3. 비(卑)는 나의 궁전. 나는 높은데 처하여 있을 것이 아니라 나의 마음은 늘 겸비하여 낮은데 처하여 있어야 합니다…….
4. 예수는 나의 구주, 다른 사람이나 돈이나 학식이나 부모나 자식이나 다 - 나를 구원하지 못하되 예수만 나를 구원하시는 구주가 됩니다 …….
5. 자연은 나의 친구, 믿을 사람도 없고 사귈 사람도 없을 때 하늘 산 흐르는 물 공중의 별 밤의 산과 들, 초목 곤충 새들이 이는 다 …… 나의 친구가 되나니 …….264)

미통합의 분열 구조로 형성된 십자가 추구 이면에는 또 다른 대상에 대한 증오를 담고 있을 수밖에 없다. 이용도는 이것을 의식할 수 있었으나 의식적으로 통제가 안 되고 있었음을 이호빈의 회고담을 통해서 알 수 있다.

중심으로 남을 공격하려는 생각을 가져 본 일은 절대로 없고 가끔 그런 일을 하지 않게 해 달라고 기도도 드리고 있는데 웬일인지 강단에 나서면 자기도 깨달아 알 수 없는 말을 하게 된다고 하였다.265)

강단에서 설교자와 회중들은 상호 집중함으로 무의식적 의사소통이 이루어지기 쉬운 자리이다. 본인의 의식적 노력과 상관없이 나오는 발언들은 무의식적 대상관계의 파생물이다. 즉 의식적으로 직면할 수 없는 무의식의 끔찍한 대상 경험이 공격성으로 표현된 것이다. 이용도가 좋은 대상의 경험으로 중심 자아가 충분히 응집력을 가질 수 있었다면 그의 십자가 신비주의는 어떤 형태가 되었을까? 내적 대상에 지나치게 리비도를 집중을 할 필요가 없었을 것

---

264) 『서간』, 이태순 씨에게, 1931. 10. 25. p.77.
265) 변종호 편저, 『이용도 목사 연구 40년』(서울: 장안문화사, 1993), p.80.

이다. 나쁜 대상으로부터 살아남기 위하여 에너지를 방어적으로 사용할 필요도 없었을 것이다. 그가 비록 십자가 신비주의의 길을 자신의 소명으로 알았다 하더라도, 실천 가능한 고난을 추구했을 것이고 그것에서 리비도 만족을 얻었을 것이다. 또한 그리스도의 사랑도 극단성을 피해 실천 가능한 덕목으로 해석되므로 피조 세계에 내재하는 그리스도를 발견함으로써 긍정적 가치관을 발견했을 것이다. 고난과 영광이 함께 짝을 이루어 세상을 끌어안는 진정한 십자가 신비주의의 한국적 선구자가 되었을 것이라는 가정을 할수 있다.

4. 십자가 신비주의의 심화

이용도 십자가 신비주의의 또 다른 특징은 비판을 받으면 받을수록 더욱 심화된다는 것이다. 피터스는 이용도에 대한 세평을 듣고 그에게 절제할 것을 권고한 바 있다. 이에 대한 이용도의 반응은 극히 냉소적이다. "세상은 자기의 지혜로 거꾸러지는 것이었구나. 교계의 왕자들은 나를 가시같이 여기는 구나. …… 마귀는 우리를 크게 시험하나 주 또한 우리를 크게 도우시리로다."[266]

후술할 원산 신비주의자 한준명 사건에 간접적으로 연루되어 있을 때, 그와 절친한 송창근[267]도 한준명의 신앙이 신학적으로 문제

---

266) 『일기』, 1931. 11. 20, pp.155 - 156.

가 있음을 지적했다. 이에 이용도는 심히 좌절하고 울었으며, 그리고 80~90장의 장문의 편지를 써서 송창근과 결별을 했다고 한다.268) 절친한 송창근의 신학적 이견이 거절하는 대상이 되어 버린 것이다. 내면의 박해자가 증가함으로써 그가 돌아갈 곳은, 그 박해자로부터 분열된 그리스도의 고난과 동일시하는 것이다.

1931년 12월 24일~28일까지 평양 산정현 교회의 부흥집회를 인도한다. 이때의 은혜와 기도가 후일 주기철 목사의 순교로 이어졌다고 한다.269) 그만큼 성황을 이룬 집회였고, 이용도는 기도 중 말로 형언할 수 없는 영감과 계시를 받은 것으로 전해지고 있다. 그 내용과 의미가 무엇인지 알 수는 없으나, 마지막 저녁 집회의 설교와 상황을 통하여 예측할 수 있다.

> 예수께서 일생동안 조소, 멸시, 구박을 받으며 사시던 정경의 묘사를 두 시간 동안이나 하시다가 마지막 십자가에 달리는 광경을 눈물로 설명하시더니 운명하실 때의 마지막 장면에 이르러 그 바싹 마른 몸 그 반 쯤 쉬여 힘든 목소리, 땀에 번쩍이는 얼굴을 하늘을 향하더니 그 손을 하늘로 향하여 휘두르며 울음섞인 떨리는 목소리로 「엘리-엘리 나마 사박다니」하는 것이었다. 이때에 모인 수 천명은 너무 기가 막히고 너무 끔찍하여서 차마 볼 수 없어 머리를 숙이거나 혹은 얼굴을 돌리며 흑흑 우는 것이었다.270)

위 상황은 강동 체험과 이용도 원작 주연의 '십자가를 지는 이들'

---

267) 송창근이 도미 유학할 때 이용도는 자신의 전셋집을 팔아서 여비를 보조해 줄 만큼 절친한 사이였다. 변종호에 의하면, 그가 박사학위를 받고 돌아오자 이용도는 그에게 의지하는 바가 컸다고 한다. 송창근은 평양 숭실학교 교목으로 있었고 이용도는 평양 외곽으로 열띤 부흥회를 하였다. 변종호는 두 사람의 동(動)과 정(靜)이 한국 교계에 크게 기여할 것으로 보았으나 한준명 사건을 대하는 관점의 차이로 결별한다.

268) 『전기』, pp.163-164.

269) 『일기』, 1931. 12. 11, 편저 부기, p.159.

270) 『전기』, p.111.

을 연상케 하지만, 그때와는 사뭇 다르다. 인기와 아울러 반대자들의 잇따른 비판과 제재 조치, 폐병 말기로 극도로 허약해진 건강, 가난, 아들 영철 군을 제외하고 6남매가 생후 2∼3년 안에 조실 하는 아픔 등은 예수의 십자가 고난과 더욱 깊은 밀착을 이루었다. 그러기에 십자가 사건을 그의 문학적인 필치로 생생하게 재현할 수 있었다. 설교 중 예수의 고난과 이용도의 고난은 경계가 모호해진다. 이용도의 설교는 회중을 설득하고, 회중은 설득을 당한다. 투사적 동일시와 내사적 동일시가 작용한 것이며, 회중은 이용도와 하나 되어 눈물바다를 만든다. 회중은 자신의 눈물이 이용도 때문인지 예수 때문인지 경계가 모호해진다. 그의 설교가 사람을 끌어들이는 힘이 있고 따라다니는 추종자들이 있음은 이러한 흡입력 때문이다. 이용도와 그의 회중들은 그것을 성령의 은혜로 받아들였다.

다음은 1932년 1월 동대문 교회에서 행한 설교이다.

나에게 가장 원하는 바가 하나있습니다. 집도 처자도 다 버리고 입은 옷 한 벌만 입은 그대로 손에 성경 찬송가 두 권만 들고 끝없는 나그네의 길을 떠나고 싶은 것입니다. …… 나는 원합니다. 나는 이 생활이 내게 한 번 와 달라고 기도하고 있습니다.[271]

현실 대상이 부재하거나 결핍된 내적 대상 세계는 공허한 십자가의 길이다. 이호빈과 이호운의 회고록[272]에서 보여 주듯 이용도는 수도생활을 동경했고, 구체적인 조직까지 언급했던 것은 늘 새로운 대상을 추구하는 성격의 일부를 보여 주고 있다. 즉 리비도적

---

271) 『전기』, pp.115 – 116.
272) 변종호 편저, 『이용도 목사 연구 40년』, p.67 – 94. 참조.

자아이다.

리비도 자아의 고통스러운 대상 추구는 이용도의 거침없는 십자가 신비주의로 나타난다. 아현 교회에서의 축출에 이어, 1932년 3월 16일 감리교 경성 지방회는 타 교단에서 이용도 목사 초빙 시 허락을 받도록 조치하였다. 1932년 4월 장로교 평양 노회에서는 기도 제한법을 통과시킨다. 이것은 이용도를 지지하는 평양 기도단의 활동을 제한시킨 것이다. 이러한 조치들이 그의 길을 약화시키기보다는 오히려 더욱 심화시키는 계기가 되었다. "우리의 인생이란 늘 싸움의 생활이니깐 그저 적수로 필승을 기하고 신으로 돌진합시다. 그리하여 죽는 날이 완성의 날인 것이니 어서 죽음이 오소서."273) 반대자의 반대 의견을 거절하고 자신의 길에 대해서는 순교자적인 소명을 가지고 있다. 순교자적인 소명은 오직 십자가의 길을 통해서이다. "전 육편으로 보면 아주 사나운 팔자를 타고 났습니다. ……하나님의 아들이니까. 육이 곤고할 수밖에 있나요. 십자가로서 그 팔자 그 운명을 설명하게 된 것이니까!"274)

십자가 신비주의의 심화로 인한 일련의 논란에 대하여 변종호는 침묵한다. 하지만 피터스는 이용도의 십자가 부흥 운동에 대하여 회심을 통한 성령의 역사를 인정하면서도 다음과 같은 약점을 지적한다.

첫째, 문제가 된 소등 기도나 여신도와의 서신 거래는 심리적 이유나 목회적 차원에서 있을 수 있는 일이나, 이용도는 당시 사회적인 관례를 존중히 여길 필요가 있었다.

---

273) 『서간』, 이호빈 씨에게, 1932. 5. 26, p.141.
274) 『서간』, 송창근 씨에게, 1932. 7. 27, p.144.

둘째, 시무언은 성령의 능력과 인도를 문자적으로 받아들임으로
교역자들과 평신도들에게 오해를 불러일으켰다. 이 부분은 시무언
스스로 고쳐 나갈 수 있었을 것인데 마지막 원산 신비주의자들과
의 접촉이 돌이킬 수 없는 몰락을 가져왔다고 한다.

셋째, 교인들에게 안식보다는 눈물을 주었다. 예배가 끝난 후 교
인들은 몇 시간이나 손으로 바닥을 치며 통곡하는 데 시무언은 이
를 성령의 은사로 받아들이고 절제시키지 않았다. 이러한 분위기에
는 함정이 있게 마련이다.

넷째, 통곡과 열광의 집회는 시무언 자신의 모습이었다. 그것은
신비주의의 원리에 따라서 그의 내적인 빛이며 그는 그 빛에 충실
했다. 따라서 일련의 비판에 대하여 흔들리지 않고 그 길을 고수할
수 있었다.

다섯째, 시무언은 부모 형제를 비롯해서 주변 사람이 그를 신뢰
하지 않을 때, 자신을 적대시하는 것으로 받아들였다. 그리고 예수
가 주변인들로부터 버림을 받은 것처럼 자신도 버림받고 있다고
여겼다. 그는 자신의 몰락을 자신의 주위를 맴도는 사탄의 행위로
간주했다.

여섯째, "그는 너무나 쉽게 초자연적인 힘을 받아들였기 때문에
거룩한 능력뿐만 아니라 사탄의 능력까지도 그를 방문할 수 있는
여지를 남겨 두었다."275)

피터스가 본 이용도의 약점은 현실 인식의 결핍, 고통스러운 자
신의 모습이 투사된 눈물의 부흥회, 초자연적인 것들에 대한 문자
적인 해석, 좋은 것과 나쁜 것의 확연한 분리이다. 이러한 약점에

---

275) Victor Wellington Peters, op, cit., pp.82 - 85.

도 불구하고 그는 신비주의를 유발한 이용도의 탁월한 내면의 빛을 인정하는 입장을 취한다. 성숙한 신앙인이란 명확한 답을 유보할 줄 안다. 틸리히(Paul Tillich)는 이것을 "실존과 본질의 양극성 사이에 느껴지는 애매 모호성(Ambiguity)"[276]이라고 했다. 이것은 심리학적으로 위니캇의 중간대상 개념과도 상통한다. 오토 컨버그(Otto Kernberg)의 경계선 성격 이론에 따르면 좋은 자기표상 / 대상표상과 나쁜 자기표상 / 대상표상을 통합해 내지 못할 때 자기표상과 대상표상은 좋고 나쁨으로 분열된다고 한다. 이 경우 주된 방어기제로 억압을 사용함으로써 자아의 발달을 막는다.[277] 자기와 대상과의 경계가 모호해지고 극단을 수용하는 중간 영역의 취약함을 가져온다. 컨버그나 페어베언이나 분열로 인해 미통합된 약한 자아가 돌아갈 곳은 유아기의 취약한 자아이다. 발달은 좋은 대상의 좋음이 내재화됨으로 중간영역이 확장된다. 이곳에서는 양 극단이 창조적으로 만난다. 이용도의 결정적인 취약점은 양극을 중재하는 중간 영역의 부재였다.

<blockquote>
당신께서 항상 저 친구 없는 가장 빈하고 천하고 의지 없는 자의 친구가 되시오니 내 마음이 그 곳에 갈 길을 찾을 길이 없습니다.[278]
</blockquote>

찾을 길이 없는 대상을 찾아 내면으로 몰입하는 것은 퇴행이다. 찾을 수 없는 상실된 대상을 인정하는 것은 발달을 위한 애도를 수반한다. 애도는 대상을 회복시킨다. 이 시기에 이용도는 대상 상실

---

276) 유영권, 「대상관계 이론과 종교」, 『사회이론』 제20호, p.161.

277) Frank L. Summers, op, cit., pp.289 - 290.

278) 『일기』, 1932. 6. 8, p.176.

의 고통이 반복될 때마다 유약한 자기 및 대상 이미지로 회귀함으로 퇴행과 애도를 반복하고 있다.

5. 십자가 신비주의의 분석

이용도의 십자가 신비주의를 페어베언의 관점으로 분석 요약하면 다음과 같다.

첫째, 원시적 역사적 예수의 고난을 문자 그대로 모방하려 한다. 어머니로부터 내사된 흥분시키는 대상에 대한 리비도적 갈망이며, 유아적 의존기의 특징인 1차적 동일시이다. 기대만 있을 뿐 참 만족이 없다.

둘째, 고난 이후에 형성된 그리스도 영광의 케리그마를 흡수 못하고 거절한다. 아버지로부터 내사된 거절하는 대상에 대한 반리비도적 자아의 태도이다. 엄격한 초자아의 근원이 되고 있다.

셋째, 좋은 신앙의 대상은 현실로 작용하기보다는 내면화되어 있다. 어머니의 좋은 측면이 이상화 대상으로 내면화되어 있다. 나쁜 대상의 나쁨을 상대적으로 약화시켜 주면서도 엄격한 초자아를 형성한다.

넷째, 죄책감으로 인한 극단적인 자기 비하이다. 위 엄격한 초자아가 근간을 이루는 도덕적 방어의 측면이다.

다섯째, 청중들과 함께 통곡의 바다를 이룬다. 불안을 다루는 방식으로 투사적 동일시를 사용하고 있다.

여섯째, 십자가 신비주의 출현에서 심화로 가는 여정은 일종의 치료과정이다. 십자가 신비주의의 심화는 나쁜 내적 대상의 출몰이다. 나쁜 내적 대상이 의식화되는 것은 치료를 위한 결정적 요인으로 작용한다.[279]

이용도의 십자가 신비주의 외면화는 3중 자아 / 대상의 특성이 그대로 반영된다. 그리고 중심 자아에서 분리된 리비도적 자아의 리비도는 흥분시키는 대상에 리비도가 과도하게 집중되면서 나타났다.

---

279) Frank L. Summers, op. cit., p.73.

Ⅶ. 십자가 신비주의에서 사랑의 신비주의로 전환

십자가 신비주의에서 사랑의 신비주의로 전환

이용도의 리비도는 흥분시키는 대상에서 초기 좋은 경험의 근간이 되는 이상화된 대상으로 집중한다. 이상화 대상은 고난받는 그리스도 대상과는 구별된 사랑하는 그리스도 대상이다. 그가 이단설에 연루된 한준명 사건 직전에서부터 생을 마칠 때까지 지속된다. 이때를 십자가 신비주의에서 사랑의 신비주의로의 전환이라 한다. 이상화 대상은 중심 자아가 관계 맺는 좋은 측면이다. 좋은 측면이 내적 대상으로만 머물러 있을지라도 나쁜 대상에 대한 집착보다는 희망적이라 할 수 있다. 통합으로 가는 여정이라 할 수 있다.

1. 통합의 요인

페어베언은 정신분석 치료의 목표를 '무의식을 의식화하는 것으로부터 자아의 분열을 치료하고 인격을 재통합하는 것'이라고 했다. 통합의 척도를 "현실 지각의 통합, 행동의 통합, 자아가 내부 현실과 외부 현실을 구분하는 것"280)으로 본다. 그리고 치료/통합을 가져오는 요인은 전술한 바대로, 두 가지로 요약할 수 있다. 첫째, 치료자가 좋은 대상이 되어 준다. 좋은 대상이 내면화됨으로써 나쁜 대상들을 자아의 수준에서 다룰 수 있게 된다. 둘째, 나쁜 대상에 투여되는 리비도를 극소화하는 것이다. 이것은 자아 / 대상의 3중 구조에 대한 해석과 그 해석을 내담자가 받아들임으로써 가능하다. 이 중 대상과의 관계를 중요시하는 페어베언은 치료를 가져오는 결정적인 요인으로는 "환자와 분석가 사이의 인격적 관계"281)로 본다. 비록 치료적 환경이 아니더라도 좋은 대상관계 경험을 통해서 통합될 수 있음을 시사한다.

심리치료 전문분야가 마련되어 있지 않은 당시에 이용도가 통합을 향하게 된 가장 큰 요인은 좋은 대상관계의 경험이다. 이용도의 십자가 신비주의가 표면화되는 시기마다 중요한 대상경험이 있었음을 주목해야 한다. 이호빈, 이환신과 삼이형제를 맺으면서 신학교 생활에 활기를 찾고, 이는 '강동체험'과 '십자가를 지는 이들'의 눈물 체험으로 이어졌다. 목회 초기 사상적 위기의 기로에서 교우 박재봉과 기도의 동역자 친분을 맺으면서 어머니 신앙을 회복한다. 이후 그는 전국적인 부흥회를 통해서 환영받고, 그를 존경하는 신도들과 신앙의 교제를 함으로써 좋은 대상 경험을 한다. 또한 이단설에 연루된 시기에도 그의 편이 되어 준 소위 '원산파'들은 이용도의 심리구조 안에서 좋은 대상이 되었을 것이다. 좋은 대상의 내

---

280) W. Ronald D. Fairbairn, "Schizoid factors in the personality(1940)", p.9.
281) Frank L. Summers, op. cit., p.73.

재화로 통합을 향하게 된 것이다.

2. 사랑의 신비주의 출현

　이용도에게 이상화된 대상은 그리스도의 사랑으로서 초기 어머니의 만족스러운 측면이다. 어머니가 자신에게 좋은 돌봄을 제공해 주었듯이, 자신도 세상의 좋은 측면과 관계 맺을 수 있다.　나쁜 내적 대상이 풀리면서 부차적 자아를 억압하는 중심 자아의 기능도 본래적인 위치를 가지게 된다. 그것은 그리스도의 사랑에 대한 1차적 동일시의 형태로 나타난다. 그에게 있어서 사랑은 오직 그리스도의 사랑만 존재한다. 그가 실천해야 할 사랑도 그리스도와 같이 무조건적인 사랑이다.

　한창 입지가 좁아지던 1932년 7월 12일 일기를 보면 리비도 전환을 예측할 만한 표현이 있다.

> 톰의 존경=사람에게 1의 선과 99의 악이 있느냐 그러면 나는 한 개의 선을 위하여 저를 사랑하고 존경하겠노라.
> 세상에 1인의 선한 사람과 99인의 악한 사람이 있느냐. 그러면 나는 한 사람의 선한 사람을 위하여 세상을 귀히 알고 중히 여길지라.[282]

　여기서 언급된 선과 악은 외부대상이면서 동시에 내적 대상 표

---

282) 『일기』, 1932. 7. 12, p.177.

상이다. 자신의 무의식 안에 '99'라는 숫자가 암시하듯 나쁜 내적 대상이 범람하고 있다. '1'이라는 숫자는 '99'에서 밀려난 숫자이지만 좋은 대상으로 중심 자아가 관심을 가지기 시작할 때 '1' 이상의 의미를 가진다. 물론 이어지는 일기를 보면, 사랑 이외의 것을 '불 꺼진 등', '맹인의 안경'으로 돌리며 분열시키고 완충지대를 만들지 않는다. 하지만 좋은 '1'에 대한 관심은 갈등과 불안에서 벗어나려는 시도로 볼 수 있다.

같은 해 7월 "신앙생활"에 게재된 그의 글을 보면 리비도적 전환이 더욱 뚜렷이 나타난다.

> 나는 대중(大衆)을 위(爲)하여 있는 자가 아니로다.
> 다만 개인(個人)을 위(爲)하여 살려고 하노라.
> 대중(大衆)은 나의 대상(對象)이 아니요.
> 개인(個人)만이 나의 진실(眞實)한 대상(對象)이로다.
> ······
> 저 예수는 일인(一人)을 위(爲)하여 있는 자(者)요.
> 대중(大衆)을 위하여 있는 자(者) 아님을 나는 찾았노라.
> ······
> 일인(一人)의 주님을 동제(洞祭)치 못하고는
> 대중(大衆)의 주님을 살필 수 없느니라.283)

이용도가 이해한 예수는 99의 악으로 대변되는 대중이 아닌, 1의 선으로 대변되는 개인을 위하여 존재한다. 이것은 외면적으로 이용도의 세상에 대한 태도이고, 내면적으로는 수시로 출몰하는 나쁜 대상과 좋은 대상의 비율이다. 페어베언에 따르면 아버지의 잦은 부재는 환상을 발달시킨다.284) 집을 자주 비우는 이용도의 아버지

---

283) 『신앙생활』, 1932. 7, p.13. 원문에 있는 한문을 그대로 실었고 맞춤법은 현대식을 따랐다.

가 간혹 두렵고 나쁜 대상으로 출몰된다면, 이용도는 어머니를 동정하고 만족스러운 측면을 내면화할 수밖에 없다.[285] 그동안 환상 안에서 나쁜 내적 대상이 분열되고 억압되었다면, 이 시기에 이르러 어머니를 통해 내면화된 1의 좋은 대상을 향한 갈망을 가지게 된다. 또한 그것이 신앙적으로 정당화되면서 나쁜 대상에 쓰인 에너지가 이상화된 대상을 향한 강력한 동경으로 나타난다.

> 오! 주여
> 내가 주님을
> 얼마나 사랑하는지 알게 해 주소서.
> 물론(勿論) 그 정도(程度)가 낮는 것만은 사실(事實)이겠지요.
> 내가 주(主)를 사랑하는 그 정도(程度)를 알게 해 주시고
> 내가 어떻게 주를 더욱더 사랑할는지도 또 가르쳐 주소서.
> 주(主)를 제일(第一)로 사랑하기를 원(願)합니다.
> 온 천하(天下) 보다도 내 생명(生命)보다도 더 사랑하기 원(願)합니다.[286]

위 인용문은 '십자가를 질 자'라는 제목으로 쓰인 글의 일부이다. 십자가의 중요성을 전문 서두에 언급하지만 십자가가 아닌 반대자들에 대한 적대 감정이 전혀 들어가 있지 않으면서 사랑으로 돌아가는 리비도 전환을 발견할 수 있다.

> 미치광이라도 주의 것이요. 장사군, 농사군 이라도 주의 것이요. 목사요 또 이단자라는 별명을 들어도 너는 주의 것일 것이요. …… 굿중패 같고 남사당패 같다할지라도 속은 다 – 주의 것들인가![287]

---

284) W. Ronald D. Fairbairn, "Note on the religious phantasies of a female patient (1927)", p.189.

285) Ibid.

286) 『신앙생활』, 1932. 7, p.13. 원문에 있는 한문을 그대로 실었고 맞춤법은 현대식을 따랐다.

이용도의 결의는 비장하다. 모든 것이 주의 것이라는 보편적으로 승화된 사랑의 일면을 보여 주는 것처럼 보이지만, 나쁜 대상으로부터 분리된 좋은 대상에 대한 무조건적인 헌신을 담고 있다. 무조건적인 사랑은 기독교의 이상이지만, 그것이 중심 자아의 현실성을 동반하지 않으면 위험성을 지닐 수밖에 없다. 다만 이 시기에 좋은 대상으로 리비도의 전환이 이루어짐으로써 사랑의 신비주의가 출현하고 있다.

3. 사랑의 신비주의 심화

사랑을 외치는 단계를 넘어서 범인으로 이해할 수 없는 사랑을 실천한 면을 연구자는 사랑의 신비주의의 심화라고 한다.

1932년 10월 소위 '한준명 사건'에서 절정을 이룬다. 한준명은 원산을 거처로 삼던 신비주의자들의 일원이다. 당시 ≪기독신보≫에 따르면, "소위 선지자라 하는 한준명 씨가 이용도 씨의 소개를 가지고 평양에 가서 어떤 여인으로 새 주를 삼고 자기는 스스로 천사라 하며 새 주를 시립하여 모든 사람으로 하여금 경배케 하고 예언을 했다."[288]라고 보도하고 있다. 한준명은 평양으로 와서 미래에 대하여 예언을 함으로써 교회를 혼란케 하고 급기야는 원산으

---

287) 『서간』, 이종현 씨에게, 1932. 7. 22, p.155.
288) ≪기독신보≫, 1932. 12. 14.

로 추방당한다. 이 사건에 이용도가 관련되었다는 것인데, 변종호
는 사건을 수습하는 과정에서 평양 교회 측의 이용도 매장 음모가
있음을 시사한다. 그러나 문제 의혹의 사실 여부와 상관없이 이용
도가 크게 손상을 입은 것은 이용도 자신의 태도로 보인다.

> 나의 신앙생활에 다소간 다른 점이 있다는 H는 고사하고 도적이나 음
> 부나 살인강도라고 하더라도 그 손을 잡고 눈물을 흘리다가 죽기를 원하
> 고 힘쓰는 자입니다. …… 나의 원하는 바는 세상이 버린 사람, 세상에서
> 쫓겨나거나 몰리워 가는 사람을 받아 그를 거두어 손을 잡고 울며 살리고
> 합니다. 내쫓는 것은 당신들의 자유요 임무일런지 모르거니와 나는 쫓기우
> 는 자를 거두어 그들과 함께 우는 것이 나의 사명이라고 믿습니다.[289]

뿐만 아니라 다른 원산 신비주의자들도 옹호하는 듯한 발언을
한다.

> 나는 김성실파도 아닌 동시에 린서파나 태용파도 아니요 마찬가지로 남
> 주파나 준명파도 아니올시다.
> 태용! 세상에서 버림을 당할 때에 나의 마음이 그를 향하여 간절하였고
> 성실 버림을 당할 때에 나의 마음이 역시 그러 하였고 - 내가 그들의 주의
> 를 찬동해서가 아니요 - 그들의 내용을 잘 알지 못하고 - [290]

그들의 주의를 찬동하지도 않는데 그들의 간절한 이유는 세상에
서 내몰렸기 때문이다. 그들의 이단성 여부를 시비하는 것은 고통
스러운 일이다. 이단성이 밝혀지면 내몰아야 하기 때문이다. 내몰
린 그들을 버리는 것은 선의 일인을 위한 자신의 신앙에 어긋나는

---

289) 『전기』, pp.158 - 159. H는 한준명을 지칭함.
290) 『서간』, 김인서 씨에게, 1932. 12. 17, p.177.

것이고, 그들과 동일시된 이용도 자신을 버리는 일이다. 즉 대상이 자기가 되고 자기가 대상이 되는 방식[291]으로 페어베언의 통합 이론으로는 현실 지각의 부재라고 할 수 있다. 객관적이고 이성적인 지각없이 내몰린 신비주의자들(대상)이 내몰린 자기가 되고 있다. 자기는 어린 시절 자기를 돌보는 어머니가 된다. 이처럼 경계가 허물어진 지점에는 자기와 대상에 착색된 감정만 남게 된다. 따라서 사랑의 신비주의 정점에는 불안정한 가정 구조에서 소외된 어린 이용도를 돌보는 어머니의 만족스러운 측면에 대한 그리움을 담고 있다.

무차별 사랑은 이용도 생에 있어서 치명적인 사건인, 입신녀 유명화와 연관설로 확대된다. 같은 사건을 변종호와 피터스는 달리 전하고 있다. 변종호에 따르면, 1932년 가을 이용도는 원산에 있는 기도 동지들을 방문한다. 그들과 함께 예배를 드리면서 통성 기도가 한참 진행되고 있는데 유명화가 "용도야 너는 주님을 위하여 교회를 위하여 좀 더 충성하고 좀 더 고생을 당하여라……."라고 했다. 이때 이용도는 울음을 터트리며 "주여! 저는 죄인이로소이다. 주님을 섬긴다고 하면서 가식밖에 없었고 복음을 전한다고 하면서도 게으름과 대접받는 일밖에 없었나이다. 이 죄인을 용서하시고 눈물과 땀을 주시어 주님과 교회를 위하여 죽도록 충성하게 하옵소서……."[292]라고 울면서 긴 시간 기도했다고 한다. 변종호에 의

---

291) 컨버그는 경계선 환자의 전이와 역전이를 다루면서 대상이 자기가 되고 자기가 대상이 되는 자기 / 대상 표상의 혼동에 대하여 언급한다. 이 부분은 다음을 참조하라: Otto F. Kernberg, *Object-relations theory and clinical psychoanalysis.*(Northvale, New Jersey: Jason Aronson, 1976), pp.161-184.

292) 변종호 편저, 『이용도 목사 연구 반세기』(서울: 장안문화사, 1993), p.117.

하면 이것이 이용도가 유명화에게 무릎을 꿇었다는 소위 '주여! 사건'으로 와전되었다고 한다. 그는 두 사람 사이에 어떤 일이 있었느냐보다는 이용도의 무죄를 주장하고 있다.

반면 피터스는 둘의 대화를 구체적으로 다룸으로써 심리학적 분석의 여지를 제공하고 있다. 피터스가 전하는 이용도와 입신녀 유명화의 대화는 다음과 같다.

유명화1: 너는 무엇 때문에 설교를 하고 다니느냐? 그것이 과연 가장 시급한 일이라고 생각하느냐? 내 목소리를 듣지 않는다면 너의 설교와 부흥회 활동은 무슨 소용이 있느냐? 기양에서 너는 실패하지 않았더냐? 그 어떤 꿈과 환상도 없지 않느냐. 그것들 없이 너는 무엇을 할 수 있느냐? 봐라. 나는 이 시대 마지막에 새로운 일을 시작하고 있다.

시무언1: 이런 죄 많은 사람들에게 왜 계시를 내리십니까?"

유명화2: 나는 이 세상에서 멸시받고 있는 사람들 사이에서 영광을 받고 싶다.

시무언2: 왜 이 무식한 여인이 당신의 종이 되어야 합니까?

유명화3: 내가 유식한 사람의 입을 통해 말을 한다면 너는 그가 나의 말이 아닌 그의 지식을 전달하고 있다고 말할 것이다. 너는 나의 능력을 이해하지 못한다.

또 다른 계시가 있었다고 한다.

시무언3: 이것이 사탄의 일인지 하나님의 일인지 저는 진심으로 알고 싶습니다. 주님, 당신을 시험하려는 것은 아닙니다. 나는 이 종을 시험하려는 것입니다. 나는 당신을 믿습니다. 오 하나님, 이것이 진정한 당신의 일이라면 이렇게 묻는 저를 용서하소서.

유명화4: 오 도마여, 네가 나의 옆구리를 만지지 않고 믿을 수 있었더라면, 너는 더욱 큰 은혜를 받았을 것이다. 네가 시험해 본 후에야 믿겠다고 하니 네 믿음이 적구나.

시무언의 결론은 확고했다. "이것은 사탄의 행위가 될 수 없다. 따라서 이것은 성령의 행위가 분명하다."[293]

열광적 통성기도의 분위기에서 자아의 방어기제가 무너지면서 억압된 무의식의 요소들이 분출될 수 있다. 분열의 정도가 심하면 심리적 현상과 현실의 구분이 모호하다. '유명화1'에서 유명화는 신언을 전하는 대리자로서 일인칭을 사용하고 있고 무의식에서는 자신과 하나님과의 경계가 불분명하다. 신비적 부흥회로 명성을 날린 이용도를 '너'로 지칭하며 하나님과 동일시된 자신에 비해 이용도를 열등한 존재로 분열시키며 자기애적 만족을 얻는다. 이러한 양극은 유명화 자아의 분열이기도 하다. 유명화가 제기하는 '전능한 하나님인 나와 죄인인 너'를 이용도가 받아들이면서 이용도의 엄격한 초자아가 풀려 죄책감이 유발된다. 하나님의 대리자에게 질문하는 '시무언1과 시무언2'는 신학적인 함의를 지닌 질문 같지만, 근원적인 질문에 대하여 근원자에게 가부를 묻는 본능(Id)의 충동적인 질문이다. 자아의 원리가 배제된 것이다. 충동적 만족을 추구하는 질문에 '유명화3'은 반주지주의적 신앙에 서 있는 이용도의 성향과 감정적으로 일치한다. 무의식적으로 상호 의사소통할 수 있는 단서가 된다. '유명화4'에서 성경 구절로 인용되는 발언은 이용도의 마음을 사로잡기에 충분했다. '시무언3'에서와 같이 사탄의 행위가 아니면 하나님의 행위이다. 양극으로 분열되어 있어 둘 중

---

293) Victor Wellington Peters, op. cit., pp.85－86.

하나를 선택해야 한다. 선택 기준이 이용도에게 있어서 너무나 단순하다. "여자의 것이라 하여 다 천시하지도 못하나이다. 진리면 나는 다—주의 것으로 받아 왔나이다."[294] 진리면 모두가 주의 것이다. 주의 것이 아니면 모두 사탄의 것이다. 성경구절로 확인되는 유명화의 발언은 진리이기에 사탄의 것이 아니라 하나님의 것이다.

이 일을 계기로 이용도와 절친한 송창근, 김인서 등 절친한 동료들이 그를 떠난다. 1933년 3월 15일 감리교 중부연회에서 목사직 휴직 처분을 받고, 동년 7월에는 목사직 사직청원이 접수된다. 그러나 그는 유명화와 말씀을 구별 못하는 사람을 어리석다 하며, 그의 주장을 굽히지 않은 것으로 알려졌다.

이러한 사건들 안에서 이전 십자가 신비주의와는 다른 면면이 발견된다. 이용도는 김인서에게 서신으로 유명화 사건과 관련하여 자신의 입장을 정리하면서—마귀나 제도권 목사로 대변되는 나쁜 대상에 대한 증오가 드러나기는 하지만—이상화된 그리스도의 사랑에 집중하고 있다. 그의 리비도는 흥분시키는 어머니 대상으로부터 멀어지고, 만족을 주는 어머니 대상 측면인 그리스도의 사랑에 이상적으로 모아지고 있다.

> 나는 아이 속에서도 주님을 발견하고 혹 도적과 음부의 속에서도 주님을 발견하였으니……[295]

한편, 이상적 대상으로부터 거절하는 아버지 표상인 나쁜 대상이 분리되고 있다.

---

294) 『서간』, 김인서 씨에게, 1932. 11. 24, p.199.
295) Ibid.

홍분시키는 대상으로서의 핍박과 멸시, 거절하는 대상으로서의
교권자와 유식자들, 그리고 이상적 대상으로서의 선지자와 성자는
이용도의 내면화된 대상들이다. 어머니의 표상인 고난은 이용도 신
앙의 한 측면을 차지하고 있으나, 아버지 표상인 교권과 유식자들
은 사랑의 대상에서 거리를 두고 있다. 그러나 예전과는 다르게,
이용도의 행적은 분열된 요소들을 그리스도의 사랑으로 통합하려
는 시도들이 보인다.

이용도를 지지하는 무리들에 대한 잇따른 제재 조치에 그들은
'예수교회'라는 새로운 교회를 설립하려 한다. 이에 대한 이용도의
입장은 다음과 같다.

거절하는 대상에 대한 공격성이 감소되고 사랑으로 통합하려는
단서가 보인다. 1933년 4월 10일 이용도가 원산을 방문했을 때, 그
의 지지자들이 예수교회의 초대 선도감으로 이용도 추대를 통곡으

---

296) 『서간』, 김인서 씨에게, 1932. 11. 28. pp.203 - 204.
297) 『전기』, p.194.

로 애원했다. "주님께서 쫓겨난 무리들을 용도 목사에게 맡기라."
라는 기도의 응답도 제시했지만 이용도의 입장은 단호했다. "제가
일생 동안 외친 것이 「사랑하자 합하자」하는 것이 아니었나이까
사랑하는 자가 어찌 헤어지며 주님의 몸 된 교회가 어찌 분열되겠
나이까."298)라고 통곡으로 거절했다. 거절하는 대상이 중심 자아로
통합되는 단서이다. 그들이 합법적으로 예배를 드리기 위해서는 포
교원에 서류를 제출하여 허가를 받아야 하는데, 이때 이용도가 자
신의 도장을 내어줌으로 새 교회 창시자라는 말을 듣게 된다. 여기
에 대한 변종호의 견해는 "시비곡직보다 무차별 사랑을 유일한 생
활 규범으로 삼고 있는 용도 목사가 도장을 내맡긴 것은 당연한
일"299)이었다고 한다. 비록 내몰린 자들에 대한 무차별 사랑에 기
인했지만 그가 얼마나 고뇌했는지 한 서간을 통해서 알 수 있다.

> 아 - 나의 이름이 신교회 관리자로 들림의 아픔이여! 나를 찌르는 가시
> 로다. …… 오 - 주여 할 수만 있으면 이 잔과 이 관을 나에게서 떠나게
> 하여 주옵소서.300)

사랑으로 자신의 삶을 정리해 나가는 이용도에게 있어서 기존교
회로부터 정죄받은 자들이 합법적으로 예배드릴 수 있도록 행정적
조치를 취해 주는 것은 매우 중요했다. 또한 기존교회를 분열 없이
지켜 나가는 것도 중요했다. 양자는 현실적인 결단이 필요한 것이
나, 그 선택은 그의 리비도 방향성에 따르기 마련이다. 당연히 그

---

298) 『전기』, p.195.
299) 『전기』, p.197. 도장을 찍은 서류가 인가되기 전에 이용도는 세상을 떠남으로써 서류가
   반각되었다고 한다. 변종호는 이용도와 새 교회와의 관계는 오직 이뿐이라고 한다.
300) 『서간』, 김희학 씨에게, 1933년 봄, p.209.

가 선택한 것은 고난당하는 자들에 대한 사랑이었다. 그리고 거절하는 대상에 대한 분노가 진정된 것을 보아서 그의 선택은 방어가 아니라 중심 자아의 신앙적인 결단으로 보인다.

이 무렵 아버지의 회갑에 참석치 못하여 죄송하게 여기는 심정이나,[301] 나쁜 대상이 되어 결별을 선언한 송창근과 화해하는 대목,[302] 1933년 4월 4일자 일기에 나타난 삼위일체 되시는 자애로운 아버지 앞에 드리는 기도문은 통합의 과정임을 알 수 있다. 일기에 나타난 기도문은 고난, 영생, 삼위일체, 평강 등의 용어를 사용함으로써 이전과는 다른 면을 보이고 있다.

> 사랑하는 자들아 너희의 지극히 거룩한 믿음 위에 자기를 건축하며, 성령으로 기도하며, 하나님의 사랑 안에서 자기를 지키며, 영생에 이르도록 우리 주 예수 그리스도의 긍휼을 기다리라.
> 아버지 앞에 무릎을 꿇고 기도하노니 그 영광의 풍성함을 따라, 그의 성령으로 말미암아 너의 속사람을 능력으로 강건케 하시며, 믿음으로 말미암아 그리스도께서 너희 마음에 계시게 하옵시고, 너희가 사랑 가운데 뿌리가 박히고 터가 굳어지게 하옵소서.[303]

위 일기가 비록 성서를 인용한 흔적이 있을지라도 삼위일체의 언급은 이론적으로 분열에서 통합을 의미할 수 있고, 자애로운 아버지 상은 거절하는 대상과의 화해로 볼 수 있다. 또한 이용도의 단상 '사랑과 신앙'[304]에서 자신은 모든 인간고를 예수를 신앙함으로써 해결했다고 고백하고, 신앙의 실천을 강조하며, 증오와 분노가 나타

---

301) 『일기』, 1933. 3. 19, p.188.
302) 『전기』, p.206.
303) 『일기』, 1933. 4. 4, p.196.
304) 『신앙생활』, 1933. 11, pp.15 - 16

나지 않았다는 면에서 현실지각이 통합된 면모를 보인다. 일단 나쁜 대상과 화해를 이루고 나면 그리스도의 고난이 나쁜 대상에 대한 방어가 아닌 신앙의 길로써 추구된다. 그의 글 전반에 드러난 나쁜 대상에 대한 무차별 공격성이 중심 자아 안으로 통합됨을 볼 수 있다.

확립된 중심 자아는 그리스도의 사랑과 동일시되기를 원했고, 현실적으로는 자기의 일부인 소외된 사람들에 대한 사랑의 형태로 나타났다. 이용도가 자신이 묻힐 곳을 위해서 기도하매 "원산으로 가라."305)라는 음성을 들었다고 한다. 이에 대한 정신분석적 이해는 내몰린 원산파들에 대한 이용도 자신의 사랑이다. 세상이 그들을 버렸기에 이용도는 그들을 사랑한다. 이때의 사랑은 증오로부터 떨어져 나온 사랑이 아니라, 그 증오마저도 포용하는 사랑이다. 그러나 변종호가 전하는 이 기간 부흥회의 방식은 예전과 같이 회개, 통곡, 눈물 일색이다. 그의 회중도 호불호 양편으로 나누어짐으로써 교회 분열의 소지를 남긴다. 이용도가 현실 지각을 넘어 행동의 통합까지 이루어졌는지에 대해서는 의문의 여지를 남긴다.

피터스는 이용도의 문제점을 열거하면서 시간이 지나면 스스로 해결될 수 있는 것으로 보았다. 그의 통찰은 의미가 있다고 본다. 지각의 통합은 행동의 통합을 기대할 수 있기 때문이다. 연구자도 만일 이용도의 폐병이 치료되어 더 살 수 있었다면, 그는 한국교회 신비주의 형성에 크게 이바지할 인물로 자리매김할 수 있었을 것으로 본다. 그러나 그 반대의 추측도 가능하다. 인격이 통합되고 치료됨으로써 제도권 안에서의 목회에 만족하는 평범한 목사가 되었을 수도 있다.

---

305) 『전기』, p.202.

4. 사랑의 신비주의 분석

이용도의 사랑의 신비주의를 분석하면서 방어에서 통합으로 진행됨을 살펴보았다. 그 특징은 다음과 같다.[306)]

첫째, 십자가 신비주의가 고난당하는 그리스도와 1차적 동일시였듯이, 사랑의 신비주의의 출현도 그리스도의 사랑과 1차적 동일시를 이룬다. 예수의 문자적이고 무조건적인 사랑만이 의미 있다. 사랑만이 신앙을 평가하는 절대적인 기준이 된다. 물론 이것은 성서적인 진술의 일면으로 그 자체에 문제점을 가진 것이 아니다. 사랑 이외의 것은 나쁜 대상으로 분리되어 버리는 이용도의 태도를 분석해야 한다. 양가감정이 분화되지 못하는 페어베언의 유아적 의존기의 특성을 반영하고 있는 것이다. 그의 환상 속에서는 사랑의 한 역할로 만족해하지 않고 자신이 사랑의 주된 인물이 되려 한다. 이는 분열적 성격의 특성이다.[307)] 1차적 동일시로 형성된 사랑 지상주의의 신앙은 고상하고 순수한 신앙으로 보이지만, 대상으로부터 성숙한 의존을 하지 못하는 도피적인 특징이 있다.

둘째, 나쁜 대상에 대한 방어적인 측면이 있다. 나쁜 대상의 출몰

---

306) 발달의 관점에서 클라인과 위니캇의 이론으로 분석할 수도 있다. ①클라인에 의하면 십자가 신비주의는 편집 분열적 자리의 부분대상과의 관계이다. 눈물의 통회는 애도과정으로 볼 수 있다. 애도 과정을 통하여 우울적 자리로 오면서 전체 대상과의 관계, 즉 사랑의 신비주의로 넘어오는 것이다. ②위니캇에 의하면 십자가 신비주의는 어머니와 융합을 이루려는 절대적 의존기의 메커니즘이다. 눈물의 통회는 어머니와 분리해 내는 애도이다. 꿈과 환상, 부흥회의 경험은 중간 대상으로 볼 수 있다. 사랑의 신비주의는 독립을 향하는 과정이다.

307) W. Ronald D. Fairbairn, "Note on the religious phantasies of a female patient (1927)", p.188.

로 인한 불안을 극복하는 방식으로 그리스도의 사랑을 이상화한 것이다. 따라서 이상화된 좋은 대상으로부터 밀려난 나쁜 대상은 여전히 이용도의 심리구조에 일정한 자리를 잡고 있다. 중심 자아가 나쁜 대상을 적절히 통제하지 못할 때 좋은 것은 더 좋은 것으로 고립된다. 이용도에게 나타난 종말론적인 사랑의 완성, 사랑과 평화를 말하면서도 세상을 비하하는 이원론적인 태도가 여기에 속한다.

셋째, 중심 자아의 현실적응의 면면도 드러난다. 생애 말기에 분노의 대상에 대한 증오가 완화되고, 흥분시키는 대상에 대한 리비도 감소를 살펴보았다. 즉 나쁜 대상의 나쁨이 상대적인 나쁨이 되면서 양자에 대한 중심 자아의 공격성이 줄어든 것이다.[308] 결국 중심 자아에 응집된 에너지는 이상화 대상과 현실로 확대될 수밖에 없다. 교회의 분열을 아파하면서 기존교회로부터 내몰린 자들의 아픔에 공감한 점은 사랑의 실천으로 이해할 수 있다. 또한 그동안 무관심했던 가족에 대한 관심과 결별한 동료들에 대한 화해는 좋은 대상의 형성에 따른 심리적 변화이다.

---

308) W. Ronald D. Fairbairn, "Endopsychic structure considered in terms of object - relationships(1944)", pp.105.

Ⅷ. 결 론

Chapter VIII

결 론

1. 요약 및 연구 결과

연구자는 논고에서 인간을 이해하는 두 가지 관점으로 신학적 인간과 심층심리학적 인간이 있음을 전제하고, 신학적 인간과 짝을 이루면서도 대조를 이루는 심층심리학적 도구를 사용하여 이용도의 십자가 신비주의를 연구하였다. 본 연구는 기존의 신학적 연구의 타당성을 수용하면서도 전혀 다른 언어를 사용하여 차별성과 상호 연관성을 보여 주고 있다. 연구자는 페어베언의 종교에 대한 정신분석 원리에 따라 초기 대상관계와 오이디푸스 갈등이 어떻게 이용도 신비주의에 전이되는지 분석했다. 분석 과정을 통하여서 신학과 심리학의 관계 설정뿐만 아니라, 목회 심리치료사가 두 가지 언어를 어떻게 사용할 수 있는지에 대한 통찰을 보여 주고 있다는 면에서 의의가 있다.

이용도의 십자가 신비주의는 초기 그와 부모와의 대상관계 형태에 따라 구조화되었다. 즉 그가 신앙의 대상인 그리스도와 세상을 보는 관점은 초기 그가 경험한 대상관계에 기초하고 있다는 것을 분석했다. 이용도 신비주의의 정신분석적 형성과정은 초기 대상관계에 따른 대상/자아의 분열이 먼저 일어났다는 점이다. 그리고 그의 십자가 신비주의는 리비도의 양과 방향성에 의해 생애 각 시기마다 다른 형태를 취하고 있을 뿐이다. 이것은 영적인 것과는 독립적으로 일어나면서도 영적인 표상들에 영향을 미치고 있는 정신분석적 요인임을 밝혔다. 우리는 이용도의 성장과 발달 과정, 삶의 자리의 변화에 따라 십자가 신비주의가 내면화되고, 외면화되고, 사랑의 신비주의로 전환되는 과정을 탐색해 보았다.

이용도에게 있어서 아버지는 거절하는 대상표상이 되었다. 이와 짝을 이루는 반리비도적 자아는 그 대상을 공격하고 비하한다. 아버지로 표상되는 권위자들은 전이 안에서 적대자가 되고, 그 불안을 처리하는 방법은 공격성의 투사이다. 리비도의 방향성이 바뀌기 전까지, 좋은 대상이 내면화되어 양가감정을 해결하기 이전까지 그러한 방식은 반복되고 있음을 살펴보았다. 거절하는 대상에 대한 공격성은 목회 초기까지 계속됨으로 그의 성격과 신앙을 특징짓고 있다. 그러나 공격성이 투사됨으로 정작 그의 본 모습인 고난의 예수 추구는 무의식에 억압되어 있기에, 이 시기를 십자가 신비주의의 내면화라고 했다.

어머니는 흥분시키는 대상표상이 되었다. 기대를 주나 결코 만족을 주지 못하는 어머니 대상은 끊임없는 갈망만 가지고 있는 리비도적 자아와 짝을 이룬다. 아버지의 박해를 피해 형성된 어머니의 신앙은 그가 초기에 내사한 신앙 형태이다. 고난당하는 어머니와 동일시된 이용도는 고난당하는 그리스도와 동일시되어 있음을 분석했다. 이것이 원인이 되어 그의 리비도는 소외된 자, 고난받는 자, 약자 등으로 집중한 것이다. 그의 설교의 초점은 죄의 회개, 십자가, 눈물이 주를 이룬다. 전국적으로 부흥회를 다니면서 회개와 부흥의 역사를 이룬다. 이러한 무의식의 의식화는 통합/치료를 지향한다. 하지만 그의 집회는 그리스도의 고난 측면만 지나치게 강조하고 그 반대편에 있는 영광과 승리를 거절하는 대상으로 인식함으로 저항에 부딪치게 된다. 이것은 페어베언의 각 심리구조에 대한 리비도의 양과 방향성을 보여 주는 것임을 밝혔다. 이용도가 이단설에 연루되기 이전까지, 흥분시키는 대상에 대한 과도한 리비도 집중 현상을 십자가 신비주의의 외면화라고 정의했다.

이용도는 좋은 대상 경험을 통해서 사랑의 신비주의로 전환한다. 중심 자아의 리비도가 나쁜 내적 대상에서 이상화 대상으로 집중되면서 나타난 현상이다. 즉 그리스도의 고난에서 그리스도의 사랑으로 리비도 방향 전환을 의미한다. 그리스도의 고난과 1차적 동일시에서 그리스도의 사랑에로 1차적 동일시를 이루는 시기이다. 초기 그의 사랑의 신비주의는 십자가 신비주의처럼 현실 지각력이 결핍되어 있다. 하지만, 생애 말기에 이르러서는 서서히 현실성이 가미된 발달의 수준을 발견할 수 있다. 연구자는 이것을 중심 자아의 기능 확대로 분석했고, 심리적으로 혹은 신앙적으로 통합으로 가는 여정임을 규명했다. 다만 지병으로 조기 서거한 아쉬움을 가진다.

본 연구를 통하여 다음과 같은 결과들을 도출할 수 있었다.

첫째, 이용도가 신앙 안에서 가지는 대상관계 수준은 주로 예수의 원시적 고난과 이상적 사랑에 집중됨으로써 삼위일체의 불균형을 이루고 있다. 물론 그의 저서 곳곳에 성부, 성령에 대한 언급이 있다. 하지만 연구자의 관점은 그것들은 지각의 수준이지 감정과 행동의 통합 수준은 아니다. 결국 심리학적으로 연구된 그의 삶의 형태에서 행동화된 신론과 성령론은 미약하다. 이것은 그가 주로 한쪽 대상인 고난당하는 자들과 의미 있는 대상관계를 맺었다는 것과 같은 맥락에서 이해할 수 있다.

둘째, 삼위 하나님에 대한 한 개인의 정서적 인식은 초기 대상관계의 방식에 달려 있다는 것이다. 그것은 이론과 지식과 교리보다도 강력한 역동을 가진다. 무의식에 각인된 표상은 교육과 학습을 초월해 있기 때문이다. 부모 중 어느 쪽을, 어떤 측면을 내사하고 투사하고 전이 안에서 재경험되는지 여부가 신앙의 형태를 결정짓는 큰 변수가 된다. 심리학적으로 진정한 변화는 무의식에 내면화된 대상관계의 변화를 수반해야 하듯이, 신앙의 변화도 무의식에 형성된 대상관계의 변화와 함께 진행되어야 함을 발견했다.

셋째, 이용도 신비주의의 특징은 리비도의 방향성과 양의 문제임을 밝혔다. 3중 대상 / 자아의 분열은 누구에게나 구조화되었으나 중심 자아의 기능 여부에 따라 정신분열증, 분열성 성격, 분열성 성향으로 나뉜다. 완전한 통합은 이론적으로나 가능하다. 각 대상 / 자아에 대한 리비도 집중은 환경이나 심리적 변화에 따라 그 방향성과 양이 결정되고 신앙 표상에 결정적 영향력을 가진다. 이러한 정신분석적 분석은 이용도 연구에 있어서 신학적 난제인 이원론, 청중들의 열광적 반응, 고난에서 사랑으로 전환된 동기 등을 이해하는 심리학적 근거가 된다.

넷째, 심리학적인 측면은 신학적인 측면과 독립성을 가지면서도 상호 연관성을 가지고 발생됨을 탐구했다. 예컨대, 극단적 그리스도의 고난추구와 기도의 몰입이 영적 깊이를 더해 주었다 하더라도 심리적으로는 통합되거나 치료되지 않았다. 또한 심리적으로 통합되었다고 반드시 통합된 신앙인이 되는 것도 아니다. 그러나 좋은 대상이 내사됨으로써 자아의 통합이 이루어지고 신비주의도 통합으로 진행될 수도 있음을 살펴보았다. 이 기간에 주변 인물에 대한 화해가 이루어지고 있는 것을 감안할 때, 영적인 변화와 심리적인 변화 중 어느 것이 먼저 일어났느냐의 논의는 밝힐 수 없는 것으로 무의미하다. 다만 신학과 심층심리학은 상호 연관성이 있음을 관찰할 수 있었다.

다섯째, 기독교 심리치료 임상에 있어서 기독교 심리치료사는 두 개의 언어에 익숙해야 내담자를 진정한 구원과 치료로 안내할 수 있음을 발견했다. 통합된 신비주의로 가는 이용도에게 있어서 심리학적인 측면과 영적인 측면을 기계적으로 도식화하는 일은 불가능하다. 임상에서 치료자는 내담자의 삼위일체 하나님에 대한 대상표상의 형성과정에 대하여 분석적 통찰과 더불어 좋은 대상을 제공해 줄 수 있다. 그러나 재구조화 과정에 필요한 그 이외의 요소는 내담자 안에서 일어나는 고유한 영역으로 존중되어야 한다.

2. 연구 한계와 향후 과제

첫째, 이용도 연구의 가장 큰 난제는 자료의 문제점이다. 변종호에 의하여 상당한 분량의 원자료가 보존되고 편집된 것은 후학들에게 다행스러운 일이지만, 편집과정에서 변종호의 주관적인 시각이 반영되었기 때문이다. 향후 본문 비평과 발굴을 통하여 자료의 정확성을 기할 필요가 있다.

둘째, 이용도 연구 심리학도가 정신분석의 주 기술인 이용도 자신의 자유연상을 들을 수 없다는 것이다. 자유연상은 사실 자체보다도 정서적인 반응을 자각하는 것이다. 기존 자료에 이용도의 정서적인 반응이 많이 언급됨으로써 연구의 중요한 단서가 되지만, 문헌 의존의 한계는 남아 있게 마련이다.

셋째, 이용도의 십자가 신비주의는 페어베언 발달 단계의 개념인 의존의 수준에서도 연구될 수 있다. 이용도의 십자가 신비주의는 어머니 대상에 대한 유아적 의존이라 할 수 있다. 유아적 의존이 주로 내적 대상과의 관계라면 성숙한 의존은 현실로 나오는 통합의 과정이다. 이것은 이용도의 신비주의의 변천 과정으로, 내적 대상인 예수의 고난과 문자적으로 융합하는 것에서부터 예수와 함께 세상으로 나오는 과정을 의미한다. 이용도에게 초기 어머니와 가졌던 의존의 문제는 전이를 통해서 그의 신비주의에 적나라하게 드러난다. 따라서 의존의 수준에서 분석은 새로운 관점을 제공해 주리라 믿으며 향후 연구과제로 돌린다.

넷째, 다음의 이론들은 페어베언의 분열성 성격 이론으로 발견할 수 없는 또 다른 통찰을 제공해 주리라 믿는다. 클라인의 편집 분열적 자리에서 우울적 자리로의 발달이론, 위니캇의 정서 발달이론과 중간 대상의 개념, 말러의 분리개별화 이론, 코헛의 자기대상과 변형적 내재화 등의 이론으로 분석할 수도 있음을 밝힌다. 이러한 이론들은 대상과 관계 맺는 방식을 다루는 심리학으로, 단일구조를 가지고 있는 페어베언의 한계를 극복해 낼 수 있을 것이다.

다섯째, 칼케톤 기독론의 합의는 일종의 정치적인 조치로서, 그리스도의 본질과 속성은 합리적 결론이 불가하고 개인적 체험에 위임한다는 의미를 가진다. 이용도에게 있어서 영적인 영역과 심리적인 영역이 어떻게 개인의 내면 안에서 조화를 이루는지는 목회 심리치료사와 내담자의 임상적 통찰에 위임할 수밖에 없다. 향후 임상 연구 사례를 통하여서 영성 심리치료의 방법론이 제시되어야 한다.

여섯째, 정신분석학은 심리생애를 연구하는 중요한 하나의 관점이다. 그러나 이외에도 생애 발달 단계에 따른 발달 심리학적 관점, 개인 생애에 있어서 중요한 사건이나 행동의 원인을 외부에서 탐구하는 사회 심리학적 관점, 성격 심리학적 연구는 이용도 생애를 이해하는 또 다른 심리학적 통찰을 제공해 줄 수 있다. 이용도 부흥회의 절정과 좌절은 폐병 말기라는 그의 질병과 함께 진행되었기에 생물학적 조건도 간과할 수 없다. 그리고 생애 말기에 나쁜 내적 대상이 축출되면서 자아는 이상화된 대상으로 회귀하고 현실과 화해하는 모습을 보이는데, 이러한 조짐은 임종에 따른 정신분석적 변화의 어떤 측면을 암시하고 있다. 이것은 향후 연구과제로 남긴다.

참고문헌

≪기독신보≫ 1930. 11. 10: 1931. 7. 1: 1932. 12. 14: 1934. 8. 22.

김광원. 「이용도와 미학」, 제7회 이용도 신앙과 사상 심포지엄 발표문, 2000.

김길송. 「피도수 목사와 이용도 목사의 우정」, 『크리스천 저널』, 1996. 12.

김상일. 「한국문화와 이용도의 영성」, 『탄신 백주년 특집 논문집: 이용도 김재준 함석헌』, 서울: 한들출판사, 2001, 55 – 96.

김성호. 「정신분석학적인 전이/역전이: 정신분석학적 꿈 분석」, 『심층심리치료전공 PD과정 개설 학술 포럼』, 서울: 명지예술심리치료연구센터, 2006, 3 – 14.

김인서. 「고 이용도씨를 곡함」, 『신앙생활』, 1933. 11~12, 42 – 43.

______. 「이용도 목사와 나」, 『신앙생활』, 1933. 11~12. 39 – 42.

김형기. 「시무언 신학의 사상적 연관들: 시무언 연구의 심화를 위한 시론」, 『이용도의 생애·신학·영성』, 서울: 한들출판사, 2001, 122 – 147.

나동광. 「시무언 이용도의 문학과 목회」, 『신학과 실천』 제2호, 1988, 143 – 70.

______. 「이용도의 문학과 실천문학」, 『복음과 세계』 제5호, 1995. 6, 87 – 124.

≪동아일보≫, 1925. 10. 25: 1926. 7. 6.

류금주. 「이용도 신비주의와 1930년 전후의 한국교회」, 『이용도의 생애·신학·영성』, 서울: 한들출판사, 2001, 173 – 194.

민경배. 「이용도 목사 신비주의 연구 – 한 교회사적 고찰」, 『이용도 목사 관계 문헌집』, 서울: 장안문화사, 1993, 39 – 69.

______. 「이용도 신비주의 – 내면화의 신앙과 그 여운」, 『이용도 목사

관계 문헌집』, 서울: 장안문화사, 1993, 93 – 105.

______. 「이용도와 최태용」, 『이용도 목사 관계 문헌집』, 서울: 장안문화사, 1993, 107 – 118.

______. 「이용도의 신비주의에 대한 형태론적 연구」, 『이용도 목사 관계 문헌집』, 서울: 장안문화사, 1993, 11 – 38.

______. 「한국 교회의 신비주의사 – 1945년까지」, 『이용도 목사 관계 문헌집』, 서울: 장안문화사, 1993, 71 – 92.

박봉배. 「이용도의 사랑의 신비주의와 그 윤리성」, 『이용도 목사 관계 문헌집』, 서울: 장안문화사, 1993, 119 – 139.

박종수. 「이용도 목사의 성서 해석」, 『이용도의 생애·신학·영성』, 서울: 한들출판사, 2001, 151 – 172.

반신환. 「프로이트의 유혹이론(seduction thery)의 포기에 대한 탐구: 생애 역사(Life History) 연구의 방법론과 적용」, 『지도 상담』 제21집, 계명대학교 학생생활 연구소, 1996, 45 – 61.

______. 「신형상(Divine Image)에 대한 Rizzuto의 대상관계론적 이해와 그 비판」, 『종교연구』, 한국종교학회, 1997, 37 – 50.

______. 「프로이트(S. Freud)의 연구 방법론은 타당한가?」, 『지도상담』 제23, 계명대학교 학생상담 연구소, 1998, 37 – 50.

______. 「Freud에서 찾은 실존주의 심리학의 의미」, 『인문·사회과학』 제34, 2004, 91 – 102.

변선환. 「이용도와 마이스터 에크하르트」, 『이용도 목사 관계 문헌집』, 서울: 장안문화사, 1993, 141 – 191.

변종호 편저. 『용도 신학』, 서울: 장안문화사, 1993.

__________. 『이용도 목사 관계 문헌집』, 서울: 장안문화사, 1993.

__________. 『이용도 목사 사모 50년』, 서울: 장안문화사, 1993.

__________. 『이용도 목사 사진첩 및 숭모문집』, 서울: 장안문화사, 1993.

__________. 『이용도 목사 서간집』, 서울: 장안문화사, 1993.

__________. 『이용도 목사 연구 반세기』, 서울: 장안문화사, 1993.

__________. 『이용도 목사 연구 40년』, 서울: 장안문화사, 1993.

__________. 『이용도 목사 일기』, 서울: 장안문화사, 1993.

__________. 『이용도 목사 저술집』, 서울: 장안문화사, 1993.

__________. 『이용도 목사 전』, 서울: 장안문화사, 1993.

성백걸. 「이용도의 생애와 사상: 한도한기론의 관점에서」, 『이용도의 생애·신학·영성』, 서울: 한들출판사, 2001, 17 – 60.
송길섭. 「한국교회의 개혁자 이용도」, 『이용도 목사 관계 문헌집』, 서울: 장안문화사, 1993, 193 – 227.
______. 『한국신학사상사』, 서울: 대한기독교출판사, 1987.
『신앙생활』 1932. 2: 1932. 3: 1932. 5: 1932. 6: 1932. 7: 1932. 10: 1932. 12: 1933. 11.
안석모. 「찰스 거킨의 목회 신학 방법론: 이야기 해석학」, 『신학과 세계』 제54호, 2005 겨울, 236 – 274.
______. 「새 밀레니엄의 심리학적 인간상」, 『한국기독교신학논총』 19집, 2000, 35 – 74.
연규홍. 「이용도의 사상과 한국교회의 개혁」, 『이용도의 생애·신학·영성』, 서울: 한들출판사, 2001, 195 – 213.
오규훈. 「이용도 목사의 신비주의: 그의 성장배경을 중심으로 한 심리학적 분석」, 『이용도의 생애·신학·영성』, 서울: 한들출판사, 2001, 214 – 241.
유동식. 「이용도 목사와 그의 주변」, 『이용도 목사 관계 문헌집』, 서울: 장안문화사, 1993, 229 – 238.
______. 「신앙의 예술가」, 『이용도의 생애·신학·영성』, 서울: 한들출판사, 2001.
______. 『한국감리교회의 역사 1884~1992』, 서울: 기독교대한감리회 유지재단, 1994.
유영권. 「대상관계 심리학과 목회 상담 I 」, 『기독교사상』, 1996. 9, 85 – 97.
______. 「대상관계 심리학과 목회 상담 II 」, 『기독교사상』, 1996. 10, 106 – 115.
______. 「대상관계 이론과 종교」, 『사회이론』 제20호, 2001, 147 – 162.
윤성범. 「이용도와 십자가 신비주의」, 『이용도 목사 관계 문헌집』, 서울: 장안문화사, 1993, 239 – 260.
이덕주. 『초기 한국기독교사 연구』, 서울: 한국기독교 역사 연구소, 1995.
______. 「이용도 목사의 성자 이야기」, 『세계의 신학』 통권61호, 211 – 224.
이상윤. 「피도수 선교사가 본 거룩한 열정의 사람 이용도」, 『이용도 목사의 영성과 예수 운동』, 서울: 성서연구사, 1998, 155 – 171.

이성삼.『한국감리교회사』, 서울: 감리교본부교육국, 1975.

이세형.「시무언 이용도 목사의 예수론」,『이용도 목사의 영성과 예수
　　　　운동』, 서울: 성서연구사, 1998, 179 - 207.

이영근 편.『예수1: 영인본』, 서울: 예수교회 공의회, 1993.

　　　　　.『예수2: 영인본』, 서울: 예수교회 공의회, 1993.

이영헌.『한국기독교사』, 서울: 컨콜디아사, 1988.

이재정.「21세기를 향한 한국교회의 과제: 이용도 목사의 신학의 새로
　　　　운 조명」,『이용도 목사의 영성과 예수 운동』, 서울: 성서연구
　　　　사, 1998, 137 - 153.

이정배.「이용도 연구사에 대한 개관과 비판적 분석: 묵시문학과 오리
　　　　엔탈리즘의 시각을 중심으로」,『이용도의 생애·신학·영성』,
　　　　서울: 한들출판사, 2001, 89 - 121.

임진수.『환상의 정신분석』, 서울: 현대문학, 2005.

장덕환,「꿈과 환상 체험에 대한 융 심리학적 분석」, 강남대학교 대학
　　　　원 박사학위 논문, 2006.

정지련.「성령론적 관점에서 본 이용도의 신앙운동」,『이용도 목사의
　　　　영성과 예수 운동』, 서울: 성서연구사, 1998, 117 - 132.

정희수.「시무언 이용도의 교회론」,『탄신 백주년 특집 논문집: 이용도
　　　　김재준 함석헌』, 서울: 한들출판사, 2001, 97 - 128.

정희수.「누혈의 신학과 한국적 영성」,『이용도의 생애·신학·영성』,
　　　　서울: 한들출판사, 2001, 285 - 317.

차성환.「이용도의 사회 역사관」,『탄신 백주년 특집 논문집: 이용도
　　　　김재준 함석헌』, 서울: 한들출판사, 2001, 129 - 156.

차옥승.「이용도 목사의 종교적 영성」,『이용도의 생애·신학·영성』,
　　　　서울: 한들 출판사, 2001, 245 - 283.

최대광.「세계의 신학적 흐름에서 본 이용도의 영성과 신학」,『이용도
　　　　의 생애·신학·영성』, 서울: 한들출판사, 2001, 61 - 87.

최인식.「이용도의 포스트 프로테스탄티즘」,『이용도 목사의 영성과 예
　　　　수 운동』, 서울: 성서연구사, 1998, 225 - 249.

Aumann, J. *Christian spirituality catholic tradition*. 이홍근·이영희 역,『가
　　　　톨릭 전통과 그리스도교 영성』, 서울: 분도출판사, 1991.

__________. *Spiritual theology*. 이홍근 역, 『영성신학』, 서울: 분도출판사, 1987.

Balint, M. *The basic fault*. New York : Brunner/Mazel, 1968.

Bacal, H. A & Newman, K. M. *Theories of object relations: Bridges to self psychology*. New York : Columbia University Press, 1990.

Bollas, C. *The shadow of the object*. New York: Columbia University Press, 1987.

Celani, D. P. *The illusion of love: Why the battered woman returns to her abuser*, 김영호 외 역, 『사랑의 환상: 배우자 학대의 대상관계론적 이해』, 서울: 한국 가족복지연구소, 2006.

Clair, M. S. *Human Relationship and the experience of God: Object relations and religion*. New York: Paulist Press, 1994.

__________. *Object relations and self psychology*. Pacific Grove, CA: Broooks / Cole Publishing Company.

Davis, M & Wallbridge, D. *Boundary and space: An introduction to the work of D. W. Winnicott*. 이재훈 역, 『울타리와 공간』, 서울: 한국심리치료연구소, 1997.

Erikson, E. H. *Astudy in psychoanalysis and history: Young man Luther*. 최연석 역, 『청년 루터』, 고양: 크리스천 다이제스트, 2000.

Fairbairn, W. R. D. "Note on the religious phantasies of female patient(1927)", *Psychoanalytic studies of the personality*. New York: Routeledge, 1992. 183 – 196.

__________. "Features in the analysis of a patient with a phisical genital abnormaity(1931)", *Psychoanalytic studies of the personality*. New York: Routeledge, 1992, 197 – 222.

__________. "The sociological significance of communism considered in the light of psychoanalysis(1935)", *Psychoanalytic studies of the personality*. New York: Routeledge, 1992, 233 – 246.

__________. "The effect of a King's death upon patients undergoing analysis(1936)", *Psychoanalytic studies of the personality*. New York: Routeledge, 1992, 223 – 229.

__________. "Psychology as prescribed and as proscribed

subject(1939)", *Psychoanalytic studies of the personality*. New York: Routeledge, 1992, 247 – 255.

__________________. "Schizoid factors in the personality(1940)", *Psychoanalytic studies of the personality*. New York: Routeledge, 1992, 3 – 27.

__________________. "A revised psychology of the psychoses and psychoneuroses(1941)", *Psychoanalytic studies of the personality*. New York: Routeledge, 1992, 28 – 58.

__________________. "The repression and the return of bad objects: with special reference to the 'war neuroses'(1943)", *Psychoanalytic studies of the personality*. New York: Routeledge, 1992, 59 – 81.

__________________. "The war neuroses – their nature and significance (1943)", *Psychoanalytic studies of the personality*. New York: Routeledge, 1992, 256 – 288.

__________________. "Endopsychic sturucture considered in terms of object – relationships(1944)", *Psychoanalytic studies of the personality*. New York: Routeledge, 1992, 82 – 136.

__________________. " Object – relationships and dynamic structure (1946)", *Psychoanalytic studies of the personality*. New York: Routeledge, 1992, 137 – 151.

__________________. "The treatment and rehabilitation of sexual offenders(1946)", *Psychoanalytic studies of the personality*. New York: Routeledge, 1992, 289 – 296.

__________________. "Steps in the evelopment of an object – relations theory of the personality(1949)", *Psychoanalytic studies of the personality*. New York: Routeledge, 1992, 152 – 161.

__________________. "A synopsis of the development of the auther's views regarding the structure of the personality(1951)", *Psychoanalytic studies of the personality*. New York: Routeledge, 1992, 162 – 182.

Frank, J. A. *Bush on the couch.* 한승동 역, 『부시의 정신분석』, 서울: 한영문화사, 2005.

Freud, S. *Traumdeutung.* 김인숙 역, 『꿈의 해석』, 서울: 열린책들, 2003.

__________. *Vorlesungen zur einführung in die psychoanalyse*. 임홍빈·홍혜경 역, 『정신분석 강의』, 서울: 열린책들, 2003.

__________. 『예술, 문학, 정신분석』, 정장진 역, 서울: 열린책들, 2003.

__________. 『종교의 기원』, 이윤기 역, 서울: 열린책들, 2005.

Gabbard, G. O. *Psychodynamic psychiatry in clinical practice*(3rd ed). Washington DC: American Psychiatric Press, 2000.

Gould, R. L. *Transformation: growth and change in adult life.* New York: Simon & Schuster, 1978.

Greenberg, J. R & Mitchell, S. A. *Object relations in psychoanalytic theory. Cambridge*: Harvard University Press, 1983.

Gregorio, J. D. *My head and my heart.* 김미겸 역, 『나의 이성 나의 감성』 서울: 한국심리치료연구소, 2003.

Guntrip, H. *Personality structure and human interaction: the developing synthesis of psychodynamic theory.* New York: International Universities Press, 1961.

__________. *Schizoid phenomena, object relations and the self.* New York: International Universities Press, 1969.

__________. *Psychoanalytic theory, therapy and the self.* New York: Basic Books, 1971.

Hunsinger, D. V. D. *Theology and pastoral counseling: A new interdisciplinary approach.* 이재훈·신현복 역, 『신학과 목회상담』, 서울: 한국심리치료연구소, 2000.

James, W. *The variety of religious experience.* 김성민 역, 『종교 체험의 다양한 모습들』, 서울: 대학기독교서회, 1997.

Jones, J. W. *Religion and Psychology in Transition: Psychoanalysis, Feminism, and Theology.* New Haven and London: Yale University, 1996.

__________. *Contemporary Psychoanalysis and Religion.* New Haven and London: Yale University Press, 1991.

Kavaler, A. S. *Mourning, spirituality and psychic change.* New York: Brunner－Routledge, 2003.

Kernberg, O. F. *Object－relations theory and clinical psychoanalysis.* Northvale, New Jersey: Jason Aronson, 1976.

__________. *Internal world and external reality: Object relations theory applied.* New York: Aronson, 1980.

Klein, M. *Love, guilt, and reparation and other work 1921 – 1945.* New York: The Free Press, 1975.

__________. *Envy and other works 1946 – 1963.* New York: The Free Press, 1975.

Kohut, H. *The analysis of the self.* New York: International Universities Press, 1971.

__________. *The restoration of the self.* New York: International Universities Press, 1977.

__________. *How does analysis cure?.* Chicago: University of Chicago Press, 1984.

Kristeva, J *Soleil noir: Depression et melancoli.* 김인환 역,『검은 태양: 우울 증과 멜랑콜리』, 서울: 동문선, 2004.

Langer, W. C. *The mind Adolf Hitler.* 최종배 역,『히틀러의 정신분석』, 서울: 솔 출판사, 1999.

Laplanche, J. Et B. Pontalis, J. *Vocabulaire la psychanalyse.* 임진수 역,『정 신분석 사전』, 서울: 열린책들, 2006.

Mahler, M. *The Psychological birth of the human infant.* New York: Basic Books, 1975.

Masterson, J F. *The search for the real self.* New York : The Free Press, 1988.

Masterson, J. F & Klein, R. *Psychotherapy of the disorders of the self: The Masterson approach.* New York: Brunner/Mazel, 1989.

Meissner, W. W. *Psychoanalysis and religious experience.* New Haven and London: Yale University Press, 1984.

__________. *Life and faith: psychological perspective on religious experience.* Washington: Georgetown University Press, 1987.

__________. *What is effective in psychoanalytic therapy: The move from interpretation to relation.* Northvale, New Jersey: Jason Aronson Inc, 1991.

__________. *The psychology of a saint Ignatius of Loyola.* New York:

Yale University, 1992.

Mitchell, S. A & Black, M. J. *Freud and beyond—A history of modern psychoanalytic thought.* Preseus Books Group, 1995.

Ogden, T. H. *Projective identification and psychotherapeutic technique.* New York: Jason Aronson, 1982.

Peters, V. W. "Simeon, a christian Korean mystic" 박종수 역, 「시무언, 한국 기독교 신비주의자」, 『이용도 목사의 영성과 예수 운동』, 서울: 성서연구사, 1998, 15－113.

Pine, F. *Drive. ego, object & self.* New York: Basic Book, 1990.

Racker, H. *Transference and countertransference.* New York: Internation Universities Press, 1968.

Rizzuto, A. M. *The Birth of the Living God: A Psychoanalytic Study.* 이재훈 외 역, 『살아있는 신의 탄생』, 서울: 한국심리치료연구소, 2000.

Runyan, W. M. *Life histories and psychobiography.* New York Oxford: Oxford University Press, 1984.

Runyan, W. M. ed.. *Psychology and historical interpretation.* New York Oxford: Oxford University Press, 1988.

Scharff, J. S. & Scharff, D. E. *Object relations individual therapy.* 이재훈·김석도 역, 『대상관계 개인치료 I : 이론』. 서울: 한국심리치료연구소, 2002.

Schultz, W. T. ed.. *Handbook of psychobibography.* Oxford New York: Oxford University. 2005.

Segal, H. *Melanie Klein.* 이재훈 역, 『멜라니 클라인: 멜라니 클라인의 정신분석학』, 서울: 한국심리치료연구소, 1999.

Seinfeld, J. *Interpreting and holding: the maternal and paternal of the psychotherapist.* Northvale, NJ: Aronson, 1993.

Siegel, A. M. *Heinz Kohut and the psychology the self.* New York: Routledge, 1996.

Sullivan, H. S. *Conception of modern psychiatry.* New York : Norton, 1940.

Summers, F. *Object relations theories and psychopathology: A comprehensive text Frank Summers.* Hillsdale. NJ : The Analytic Press, 1994.

The American psychoanalytic association. *Psychoanalytic term & concepts.* 이

재훈 외 역,『정신분석 용어사전』서울: 한국심리치료연구소, 2002.

Ulanov, A & Ulanov, B. *Religion & unconsious.* 이재훈 역,『종교와 무의식』. 서울: 한국심리치료연구소, 1997.

Van Denburg, E. J. *Object relations theory and the MCMI − Ⅲ.* Boston : Allyn & Bacon, 1995.

Weininger, O. *Melanie Klein: From Theory To Reality.* London: H. Karnac Books, 1992.

Winnicott, D. W . *Playing and reality.* London: Tavistock, 1971.

__________________. *Though paediatrics to pscho − analysis.* London: Hogarth Press and the Institute of Psycho − Analysis, 1978.

__________________. *The maturational processes and the facilitating environment.* 이재훈 역, 성숙과정과 촉진적 환경, 서울: 한국심리치료연구소, 2000.

__________________. *Deprivation and delinquency.* 이재훈·박경애·고승자 역,『박탈과 비행』, 서울: 한국심리치료연구소, 2001.

박성만

감리교신학대학교 졸업(신학사)
감리교신학대학교 신학대학원 졸업(신학석사)
한남대학교 대학원 졸업(철학박사)
국립경찰대학 경목실장
가나심리치료연구소장(www.gana6.com)
한국기독교심리상담학회 슈퍼바이저
한국대상관계심리치료협회 정회원

기독교
신비주의의 대상관계 정신분석
· 이용도의 십자가 신비주의 분석 ·

초판인쇄 | 2009년 7월 10일
초판발행 | 2009년 7월 10일

지은이 | 박성만
펴낸이 | 채종준
펴낸곳 | 한국학술정보㈜
주 소 | 경기도 파주시 교하읍 문발리 파주출판문화정보산업단지 513-5
전 화 | 031) 908-3181(대표)
팩 스 | 031) 908-3189
홈페이지 | http://www.kstudy.com
E-mail | 출판사업부 publish@kstudy.com

등 록 | 제일산-115호(2000. 6. 19)
가 격 | 25,000원

ISBN 9   Paper Book)
       978-89-268-0131-4 98230 (e-Book)

내일을여는지식 ■ 은 시대와 시대의 지식을 이어 갑니다.